나의 선택과 하나님의 뜻

나의 선택과 하나님의 뜻

초판 1쇄  2019년 7월 30일
초판 3쇄  2022년 10월 30일

지은이  이재욱
펴낸이  신은철
펴낸곳  좋은씨앗
출판등록  제4-385호(1999. 12. 21)
주소  서울시 서초구 바우뫼로 156(MJ 빌딩), 402호
주문전화  (02)2057-3041 주문팩스 / (02)2057-3042
good-seed21@daum.net
www.facebook.com/goodseedbook

ISBN 978-89-5874-321-7  04230
ⓒ 이재욱

이 책의 저작권은 저자 및 저자와 독점계약한 도서출판 좋은씨앗에 있습니다.
신저작권법에 의하여 보호를 받는 저작물이므로 무단 전재와 무단 복제를 금합니다.

단단한 기독교 시리즈 11

# 나의 선택과 하나님의 뜻

이재욱

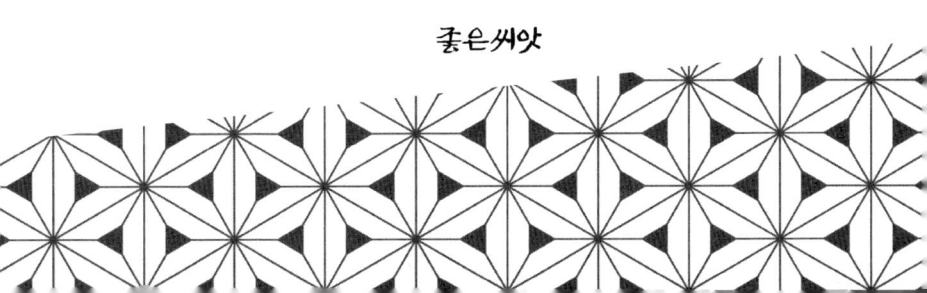

## 차례

추천의 글 • 6

여는 글: 선택의 기로에 선 이들에게 • 9

✳

1. 우리가 고민하는 하나님의 뜻 • 12

2. 무엇을 오해하고 있는가? • 20

( 한 걸음 더 들어가기: 성경은 스스로를 증거한다 • 42 )

3. 나를 향한 하나님의 확실한 뜻 • 46

4. 지혜로운 선택의 실제:

목회와 결혼을 중심으로 • 85

✳

닫는 글 • 114

이 책과 함께 보면 좋은 책들 • 117

추천의 글

하나님과 동행하는 삶은 어쩌면 낯선 곳으로 가는 여행과 같을지도 모릅니다. 그 길 한가운데서 우리는 "나는 제대로 가고 있는 것일까?"를 고민할 때가 많습니다. 그런 이들에게 이 책은 유용한 여행 안내서 역할을 합니다. "내 인생에 펼쳐진 하나님의 길은 처음부터 단 하나의 선택을 요구하는 길이 아닙니다." 저자는 선택의 기로에 선 사람들에게 목적과 방향이 맞는다면 주저하지 말고 하나님의 인도하심을 믿고 선택할 것을 권면합니다. "우리 삶엔 단 하나의 목적만 있습니다. 그것은 하나님께 영광을 돌리는 삶입니다. 자유롭게 선택해도 되는 길이라면, 목적지를 분명히 알고 방향을 잃지 않는 것이 중요합니다. 늦을 수는 있지만 틀린 길은 아닙니다." 방향만 잃지 않는다면 우리가 내리는 선택들은 옳고 그름의 문제가 아니라 다름의 문제라는 저자의 말이 위로와 격려가 됩니다.

저자는 하나님의 뜻과 인간의 자유의지라는 부담스러운 주제를 다루길 주저하지 않습니다. 절대로 먹지 말라는 말씀과 임의로 먹을 수 있다는 선악과의 계명을 예로 들면서 하나님의 절대 주권과 인간의 자유의지 사이의 조화를 모색합니다. 목적과 방향만 맞는다면 방법에 관한 문제는 우리의 자유와 관련되어 있다는 것과, 동시에 어느 것을 선택해도 같은 결과가 오는 것은 아니기에 선택 시 지혜가 필요하다는 것을 균형 있게 강조합니다. 지금 내가 내리는 선택은 과거에 내가 수없이 내렸던 선택의 결과라는 지적은 역설적으로 자유로운 동시에 무거운 선택의 중요성을 보여줍니다. 인생의 수많은 선택 앞에서 단 하나의 옳은 선택을 하기 위해 고민하는 사람들이라면 꼭 읽어 보아야 할 안내서입니다. 한 장 한 장 읽다 보면 나도 모르게 부쩍 성장한 자신을 발견하게 될 것입니다.

**라영환** 총신대학교 신학과 교수, 드림포틴즈 대표

인생에서 우리가 하는 선택은 늘 불안의 연속이요 후회로 가득할 때가 많습니다. 선택 앞에서 어떻게든 하나님의 뜻을 구하고 찾지만 갈피를 못 잡긴 마찬가지입니다. 하나님의 뜻이

무엇인지 제대로 찾고 싶다는 아우성이 교회 안팎에 가득합니다. 하나님의 뜻은 어떻게 알 수 있을까요?

이 책은 하나님의 뜻과 하나님의 인도하심을 구분하지 못해 어려움을 겪는 성도들에게, 이 두 가지의 의미를 분명히 밝히고 지혜로운 선택을 하기 위한 실제적인 방법들을 제시합니다. 다양한 사례를 들어 친절하게 설명합니다. 불확실한 미래 속에서 하나님의 인도하심을 신뢰하며 나아가는 일의 가치에 대해 이야기합니다. 이 책을 다 읽고 나면 선택의 길목에서 말씀에 따른 지혜를 발휘하게 되고, 하나님의 은혜에 따른 자유를 경험하게 될 것입니다.

**조약돌** 고덕장로교회 담임목사, 『하나님이 내 기도를 들으실까?』 저자

여는 글
# 선택의 기로에 선 이들에게

'어떤 직업을 선택하는 것이 하나님의 뜻일까?'

'이 사람과 결혼하는 것이 하나님의 뜻일까?'

'이 일을 계속하는 것이 하나님의 뜻일까? 아니면 새로운 길에 도전하는 것이 하나님의 뜻일까?'

인생에서 우리에겐 선택하지 않을 수 없는 순간이 늘 찾아옵니다. 이때 그리스도인으로서 우리는 하나님의 뜻이 무엇인지 고민합니다. 어떤 길을 선택하는 것이 하나님의 뜻일까요? 이 질문은 목회자의 단골 상담 메뉴이기도 합니다.

저도 적지 않은 시간 동안 목회를 했고, 특별히 수많은 청소년과 청년들을 만났습니다. 이 문제에 관해 헤아릴 수 없이 많은 질문과 상담을 요청받았습니다. 대부분이 이렇게 토로합니다.

"고민할수록 더 모르겠어요."

"상담하는 분들마다 얘기해 주는 게 달라요."

부끄러운 고백입니다만, 정작 상담을 해주는 제 자신도 꽤 오랫동안 이 주제에 대해 명확히 정리하지 못한 상태였습니다. 몇 가지 성경적인 기준과 주관적인 경험을 덧대어 이야기를 하고 돌아서면 저조차 고개를 갸웃할 때가 있었습니다.

사실 하나님의 뜻이 뭔지 잘 몰라 답답한 건 제 자신이었습니다. 저부터 누구에게든 명확한 답을 듣고 싶었습니다. 왜 아니겠습니까? 20대 중반에 교육전도사가 되었습니다. 이후로 크고 작은 선택을 해야 했습니다. 목회와 교회는 늘 제게 무거운 책임이었고, 책임이 무거운 만큼 선택에 대한 고민도 컸습니다.

일상의 선택 앞에서 하나님의 뜻이 뭔지 누구에게든 자신 있게, 무엇보다 제 자신이 납득할 만한 답을 내어놓기까지 꽤 오랜 시간이 걸렸습니다. 참으로 더디게 영근 시간이지만, 굳이 변명하자면 성경을 보다 깊이 이해할 뿐 아니라 충분한 삶의 시간이 덧대어져야 하는 주제였다고 말하고 싶습니다.

정리한 내용으로 여러 차례 강의하는 기회도 가졌습니다.

그때마다 여러 지체에게 답을 얻었다는 감사를 들었습니다. 오히려 제가 고맙고 기쁜 일이었습니다. 그들의 격려가 이 책을 집필하는 힘이 되었습니다.

   이 주제의 답을 찾게 해준 열쇠는 당연히 성경입니다. 순차대로 성경을 연구해 가면서 여러 주제들에 대한 이해를 열매로 맺게 되었고, 그중 하나가 '하나님의 뜻'에 관한 것입니다. 선배 목회자들의 저술도 도움이 되었습니다. 덕분에 이 책의 적지 않은 지면을 채울 수 있었습니다. 아울러 아쉬운 점은 이 책이 채워야 하는 여백이 되었습니다.

# 1. 우리가 고민하는 하나님의 뜻

**두려운 선택**

여기 선택의 기로에 선 사람이 있습니다. 그는 A라는 선택지와 B라는 선택지 사이에서 고민하고 있습니다. 그에겐 네 가지 길이 있습니다. A를 선택하는 것, B를 선택하는 것, 가능하다면 둘 다 선택하는 것, 아니면 둘 다 포기하는 것.

그는 이 넷 중에 분명 하나님께서 정해 놓으신 길이 있다고 믿습니다. 지금 중요한 건 하나님께서 어떤 선택을 원하시는지 확실하게 알아내는 것입니다. '하나님의 뜻'을 잘 헤아려 선택하면 하나님이 도우시는 보다 나은 길을 걷게 되리라고 믿기 때문입니다.

한편으로 그는 두려워하고 있습니다. 하나님의 뜻을 거스르는 선택을 해서 불순종하게 되지 않을까 하는 두려움입니다. 하나님의 뜻에 불순종하면 하나님께 징계를 받을지도 모릅니다. 그러면 불필요한 고통을 겪으며 시간을 낭비하게 되겠지요.

누군가는 이렇게 말할지도 모릅니다.

"잘못된 선택을 하더라도 걱정하지 마세요. 그 시간은 깨지고 낮아지면서 배우는 기회가 될 테니까요. 결국 하나님께서 선한 길로 인도하실 거예요. 모든 것이 하나님의 뜻과 계획대로 된다는 것을 배우게 될 거예요."

아닙니다. 이 사람은 애당초 잘못된 선택을 하고 싶지 않습니다. 불순종하고 싶은 마음이 없습니다. 하나님께서 분명한 길만 알려 주신다면 그 길로 가고 싶습니다. 굳이 징계를 받아 깨지고 낮아지는 길을 걷고 싶은 마음이 없습니다. 불순종 때문이 아니어도 세상엔 깨지고 낮아짐을 배우게 될 상황이 도처에 가득하니까요.

그런데 아무리 고민하고 기도해 봐도 확실한 하나님의 뜻을 알기가 어렵습니다. 훌륭한 신앙 선배들의 조언을 받아 보지만 그들의 의견도 서로 다 다릅니다. 더 혼란스럽고 답답합니다.

하나님의 뜻을 찾아 선택하는 일은 마치 해적 통아저씨 게임 같아 보입니다. 분명히 맞는 길과 틀린 길이 있으나 단서는 불분명한 복불복 게임입니다. 막대기를 하나씩 통에 꽂아 보다가 맞으면 다행이고, 맞지 않은 구멍을 택하여 통아저씨가 튀어나오면 낭패인 것이지요.

믿음이 부족한 탓일까요? 영문도 모른 채 튀어나온 통아저씨를 불순종에 대한 징계와 연단으로 받아들이기엔 뭔가 억울한 이 사람입니다.

### 어떤 하나님의 뜻을 말하는가?

우리가 '하나님의 뜻'이라는 말을 쓰는 경우는 크게 세 가지로 나눠 볼 수 있습니다.

첫째, 우리가 다 헤아릴 수 없고 볼 수 없는 크신 하나님의 계획입니다. 하나님의 크심과 주권을 인정하며, 이해할 수 없는 우리의 현실을 주님께 맡긴다는 의미에서 사용됩니다. 크신 하나님의 뜻은 우리의 구체적이고 특정한 선택엔 참고가 되지 않습니다.

둘째, 하나님께서 요구하시는 도덕적인 뜻, 즉 성경에 명시된 옳고 그름에 관한 규정입니다. 우리 모두가 알고 확인할 수 있는 객관적인 하나님의 뜻입니다. 우리는 이 뜻을 따라 선을 행하고 악을 멀리해야 합니다. 이 뜻은 모든 사람들에게 공통으로 적용됩니다.

셋째, 하나님께서 각 개인에게 고유하게 요구하시는 뜻입니다. 이 뜻은 도덕적인 뜻처럼 모두에게 공통으로 적용되진 않습니다. 요나를 니느웨로, 사도 바울을 마게도냐로 보내신 것과 같습니다. 이 뜻은 모두가 동일하게 순종해야 하는 선과 악의 문제와는 달리 각 사람에게 다르게 적용됩니다.

우리가 고민하는 '하나님의 뜻'은 세 번째 의미입니다. 첫 번째 하나님의 뜻은 우리가 알 수 없기에 고민할 필요가 없습니다. 두 번째 하나님의 뜻은 성경에 명시되어 있으므로 고민할 필요가 없습니다. 배우고 연구하면 됩니다. 그런데 세 번째 하나님의 뜻은 객관적인 기준이 모호합니다. A라는 대학과 B라는 대학 중 어디를 가는 것이 하나님의 뜻인지 성경에 기록되어 있다면 고민할 필요가 없겠지요. 그런데 성경은 그런 것을 말해 주지 않습니다. 이것이 우리의 고민입니다.

고민이 더욱 깊어지는 것은 선택에 따르는 결과를 생각지 않을 수 없기 때문입니다. 니느웨로 보내시는 하나님의 뜻에 불순종했던 요나를 떠올려 보십시오. 그 결과는 풍랑과 물고기 뱃속이었습니다. 요나는 풍랑이 일어난 바다에 던져져 물고기 뱃속에서 사흘 동안 죽음에 가까운 경험을 하고 나서야 원래 하나님의 명령대로 니느웨로 갑니다. 우리는 이런 징계가 두렵습니다.

어떻게 해야 올바른 선택을 해서 나를 향한 하나님의 뜻을 이루고 순적한 길을 갈 수 있을까요?

## 하나님의 확실한 뜻

먼저 성경을 통해, 하나님께서 한 사람에게 원하시는 길을 확실히 알려 주시는 방법부터 살펴보겠습니다. 하나님께서 한 사람을 꼭 정해진 한 길로 보내실 때, 성경은 예외 없이 두 가지 방법 중 하나를 보여 줍니다.

첫째, 강권적으로 그 길로 인도하시는 방법입니다. 예를 들어 요셉의 경우, 자신을 향한 하나님의 뜻을 이루기 위해 애굽으로 가야 했습니다. 요셉은 애굽으로 갈지 말지를 고민하거나 선택할 기회가 없었습니다. 노예로 팔려 갔기 때문입니다. 이처럼 하나님께서 강권적인 방법을 사용하실 경우, 우리는 진로를 고민할 필요가 없습니다. 선택의 여지가 없으니까요.

둘째, 초자연적인 방법입니다. 하나님께서 직접 말씀하시거나 환상이나 꿈, 그 밖에 기적을 통해 하나님의 뜻을 확인시켜 주시는 경우입니다. 하나님은 모세를 애굽으로 부르기 전에 먼저 그에게 기적을 보이십니다. 떨기나무에 불이 붙었으나 타지 않습니다. 모세가 문둥병에 걸렸다가 낫습니다. 지팡이가 뱀이 됩니다. 그리고 하나님께서 직접 모세에게 말씀하십니다. 모세는 사람과 대화하듯 하나님과 대화를 합니다(출 3:1-4:23).

하나님은 사도 바울을 마게도냐로 부르실 때도 그에게 환상을 보여 주십니다. 바울은 환상 속에서 마게도냐 사람 하나가 서서 도움을 청하는 것을 보고 그곳으로 향합니다(행 16:9-10). 예수님의 부모인 요셉과 마리아도 꿈에서 지시를 받고 갈릴리 나사렛으로 향합니다(마 2:21-23).

이런 하나님의 인도하심은 모든 사람에게 적용되는 보편적인 방법은 아닙니다. 뒤에서 좀 더 다루겠지만, 이런 초자연적 인도하심은 오늘날 이른바 '기도 많이 한다는' 분들이 경험하는 종류의 일도 아닙니다. 기도 중에 하나님의 음성을 들었다거나 무엇을 보았다거나 꿈을 꾸었다고 하는 것은 이런 성경의 역사와는 전혀 다른 차원의 일입니다.

성경의 인물들은 매우 특별한 위치에서 특별한 역할을 수

행하기 위한 진로를 앞두고 이러한 초자연적인 경험을 합니다. 구약에선 왕, 제사장, 선지자가 그러했고, 신약에선 사도성을 가진 인물들, 즉 예수님을 직접 보고 믿었으며 예수님이나 사도로부터 교회를 위해 특별한 역할을 부여받은 사람들이 그러했습니다. 이들을 향한 하나님의 지시는 단순히 개인의 진로 지도에 머물지 않고, 반드시 거대한 하나님의 구원 역사와 관련이 있습니다. 그들의 선택은 성경의 역사가 됩니다. 이것은 매우 특수한 부르심이요 인도하심이기 때문에 성경의 인물들은 이러한 부르심 앞에서 무엇이 하나님의 뜻인지를 고민하는 법이 없습니다.

요나처럼 말입니다. 요나는 하나님의 뜻이 니느웨로 가는 것인지, 다시스로 가는 것인지 고민하지 않았습니다. 하나님께서 직접 말씀하셨기에 니느웨로 가는 것이 분명한 하나님의 뜻임을 알았습니다. 다만 그는 가기가 싫었습니다. 그래서 다시스를 선택했고 풍랑을 만납니다. 그러므로 요나의 경우를 생각하며 우리의 선택에 대해 두려워하는 것은 예가 좀 맞지 않습니다. 우리는 순종하느냐 불순종하느냐가 아니라, 어느 길로 가는 것이 순종인지 몰라서 고민하기 때문입니다. '니느웨가 도대체 어디냐'가 우리의 고민입니다.

## 2. 무엇을 오해하고 있는가?

**우리가 다룰 하나님의 뜻**

이제 우리가 고민하고 있으며, 이 책에서 다루고자 하는 하나님의 뜻을 정의해 보겠습니다. "하나님이 각 개인의 고유한 진로에 대해 가지고 계신 뜻으로서, 우리에게 고민의 기회가 주어지고 특정한 방법을 통해 알아내고 반드시 순종해야 하는 하나님의 생각."

고민이나 분별이 필요 없는 강권적 인도하심이나 초자연적 계시는 우리의 고려 대상이 아닙니다. 무언가 방법을 써서 분별해야 하는 하나님의 뜻에 관해 다룰 것입니다. 우선 하나님의 뜻을 분별하는 데 부적합한 방법과 기준들부터 지워 보겠습니다. 이런 과정을 통해 교회 안에서 흔히 통용되는 오해를 바로잡고, 올바른 방법을 제시하려 합니다.

### 하나님에 대한 오해

하나님께서 아담을 부르십니다.

"아담아, 내가 이 동산에 선악과 나무를 한 그루 심어 놓았다. 그 열매를 먹으면 반드시 죽을 것이다. 어떤 나무인지는 말해 줄 수 없으니 네가 잘 고민해서 선택해 보아라."

무엇이 선악과 나무인지 도저히 알아낼 수 없던 아담은 아무 열매도 먹지 못한 채 지쳐 갑니다. 아담은 하나님께 부르짖습니다.

"하나님, 정말 모르겠습니다! 지금 눈앞에 있는 이 나무의 열매가 선악과인지만이라도 알려 주십시오. 배가 고파 죽을 것 같습니다."

하나님께서 아담의 기도를 들으셨는지 그의 마음에 음성이 들립니다.

'그것은 선악과가 아니다.'

아담은 긴가민가해서 다시 묻습니다.

"정말 아닙니까, 하나님?"

아담의 마음에 확실한 소리가 들립니다.

'그것은 선악과가 아니다.'

아담은 확신을 갖게 됩니다.

"그래, 이건 선악과가 아닌가 봐."

그때 마침 나무 열매가 툭 땅에 떨어집니다. 아담은 더욱 확신하게 됩니다.

"그래, 이건 먹어도 된다는 하나님의 뜻이야. 그렇지 않으면 이렇게 절실할 때, 기도하는 중에 떨어질 리 있겠어?"

아담이 기쁜 마음으로 열매를 한 입 베어 문 순간 불호령이 떨어집니다.

"아담아, 어찌하여 내가 먹지 말라고 한 나무 열매를 먹었느냐!"

아담은 사색이 되어 대답합니다.

"네? 하나님께서 선악과가 아니라고 말씀하셨잖아요."

"내가 언제? 나는 그런 말을 한 적이 없다!"

"전 분명히 하나님께 물었습니다. 하나님의 음성이 들렸고, 제 마음에 확신이 들었습니다. 그 순간 열매가 떨어졌고요."

"그건 네 마음의 소리겠지. 배가 고파서 들린 헛소리니라. 나무 열매는 늘 떨어지게 마련이고 하필 그때 떨어진 게지.

나는 그런 말을 한 적이 없다."

에덴 동산에서 쫓겨난 아담은 억울합니다. 최선을 다해 고민했지만 도저히 알 수 없었습니다. 기도했고 기도 중에 든 생각을 따랐습니다. 마침 그 순간에 길이 열렸고, 감사히 하나님의 뜻으로 받았습니다. 그런데 잘못된 선택을 하고 말았습니다. 이것은 그의 잘못일까요? 이렇게 중요한 문제에 대해 분명하게 구별할 수 있는 기준을 주지 않으신 하나님의 잘못은 아닌가요?

물론 하나님은 이 이야기 속의 하나님과는 전혀 다른 분이십니다. 하나님은 콕 집어 동산 중앙에 있는 선악과를 가리키셨습니다. "먹으면 정녕 죽으리라"고 그 결과도 분명하게 알려 주셨습니다. 아담과 하와는 선악과가 무엇인지 전혀 헷갈리지 않았습니다. 그런 하나님을 제대로 알려 주지도 않고 잘못 처벌하시는 분으로 말한다면, 이번엔 하나님이 아주 억울한 노릇이겠지요.

문제는 오늘날 교회 안에서 이른바 하나님의 음성을 듣는 방법이라거나 하나님의 뜻을 분별하는 방법이라고 언급되는 많은 것들이 실은 하나님을 아주 억울하게 만들고 있다는 것입니다.

## 기도에 대한 오해

어떤 사람들은 기도 중에 들리는 마음속 소리나 확신을 하나님의 뜻으로 생각합니다. 이것은 매우 위험한 생각입니다. 우리는 하나님의 뜻에 절대 순종해야 합니다. 그러자면 그 뜻이 무엇인지 명확하게 구별할 수 있어야 합니다. 그런데 하나님께서 기도 중에 드는 생각이나 감정의 확신으로 자신의 뜻을 알려 주신다면, 우리는 금세 미궁에 빠지고 말 것입니다.

한 형제가 어떤 자매를 놓고 기도합니다. 오랜 기도 끝에 그는 확신을 얻습니다. 하나님께서 그 자매와 교제하라고 응답하셨다고 말입니다.

형제는 자매에게 가서 말합니다.

"기도 중에 제가 자매님과 교제하길 바라신다는 하나님의 음성을 들었습니다."

자매가 말합니다.

"저도 배우자를 위해 기도하는데, 하나님께서 제겐 그런 말씀이 없으시네요."

하나님의 뜻은 이 형제와 자매가 사귀는 것일까요, 아니면 사귀지 않는 것일까요? 두 사람 모두 기도를 했는데 전혀 다른 응답을 얻었습니다. 이 응답이 잠재의식 속의 내 생각인지,

순간의 감정인지, 욕심인지, 아니면 정말 하나님의 음성인지 명확하게 구별할 수 있는 방법이 있을까요?

기도로 명백하게 하나님의 뜻을 분별할 수 있는 것은, 기도 중에 하나님의 말씀을 깨닫고 적용하는 경우밖에 없습니다. 성경 말씀은 객관적인 하나님의 뜻이므로 누구든 그것이 하나님의 뜻인지 아닌지 확인할 수 있습니다. 기도 중에 친구의 휴대폰을 훔쳐야겠다는 확신이 들었다 해도, 그것은 당연히 하나님의 뜻이 아닙니다. 성경 말씀에 "도둑질하지 말라"고 명령하고 있기 때문입니다.

그러나 우리가 고민하는 문제, 즉 '저 자매인가, 아닌가?'에 대한 답은 성경에 나와 있지 않습니다. 기도 중에 든 생각이 하나님의 뜻이라는 근거는 어디에도 없습니다. 두 사람이 기도하더라도 전혀 다른 결과가 나올 수 있습니다. 설령 두 사람이 기도 중에 같은 마음이 들었어도 불확실하긴 매한가지입니다. 둘 다 틀렸을 가능성이 얼마든지 있습니다.

명확하지 않은 경우, 그것을 '하나님의 뜻'이라고 말해선 안 됩니다. 그렇게 말하는 순간 그것은 누구든 절대 순종해야 하는 길이 되기 때문입니다. 명백한 '하나님의 뜻'임을 증명할 수 없다면, 그것은 아직 나의 '주장'일 뿐입니다. 성경은 우리의 주장에 하나님을 끌어들이지 말라고 명령합니다.

³⁴ 나는 너희에게 이르노니 도무지 맹세하지 말지니 하늘로도 하지 말라 이는 하나님의 보좌임이요 ³⁵ 땅으로도 하지 말라 이는 하나님의 발등상임이요 예루살렘으로도 하지 말라 이는 큰 임금의 성임이요 ³⁶ 네 머리로도 하지 말라 이는 네가 한 터럭도 희고 검게 할 수 없음이라 ³⁷ 오직 너희 말은 옳다 옳다, 아니라 아니라 하라 이에서 지나는 것은 악으로부터 나느니라(마 5:34-37).

기도 중에 든 확신에 '하나님 뜻'이라든가 '하나님께서 말씀하셨다' 등의 표현을 쓰며 그분의 권위를 은근슬쩍 빙자하면 안 됩니다. 그냥 "기도 중에 자매님과 사귀면 좋을 것 같은 생각이 들었습니다"라고 말해야 합니다. 그것이 정확하고 정직합니다.

성경에서 기도 중에 어떤 길에 대한 응답을 받는 것처럼 보이는 장면이 나오면 자세히 살펴보십시오. 반드시 앞서 말한 것과 같이 기도하는 이의 특수한 위치와 지위, 구속사적 특수성, 초자연적 역사가 동반될 것입니다. 단순히 개인적인 감정의 확신이 아니라는 말입니다.

그렇다고 해서 기도가 하나님의 뜻을 이루는 데 필요 없다는 말은 전혀 아닙니다. 하나님께서 원하시는 길로 가고자 할 때, 기도는 매우 중요한 역할을 합니다. 그 역할에 대해선 뒤에서 살펴보겠습니다.

### 외적 증거에 대한 오해

어떤 사람은 이렇게 말할지 모릅니다. "기도 중에 든 마음의 확신만으로 하나님의 뜻을 장담할 수는 없겠지요. 하지만 외적 증거가 함께한다면 어느 정도 하나님의 뜻이라고 말할 수 있지 않을까요?"

우리가 흔히 생각하는 외적 증거로 두 가지를 들 수 있습니다.

첫째, 다른 사람들의 말입니다. 내가 어떤 생각을 했고, 기도 중에 그 생각에 대한 확신이 들었습니다. 그런데 몇몇 다른 사람들이 내가 생각했던 것과 같은 말을 합니다. 특별히 전혀 상관없는 사람에게 그런 말을 들을수록 우리는 이것이 하나님의 뜻이 아닌가 하는 생각으로 기울어집니다.

둘째, 환경입니다. 자신이 생각하고 기도하는 방향으로 길이 열리면, 우리는 여기에 하나님의 뜻이 있지 않은가 생각하게 됩니다.

목회의 길을 놓고 남몰래 고민하는 청년이 있습니다. 어느 날 갑자기 지도 목사가 그에게 말합니다.

"형제님은 목회자가 되면 좋을 것 같아요."

놀랍게도 한 자매가 와서 또 말합니다.

"형제님은 좋은 목회자가 될 것 같아요."

마침 혹시나 해서 지원한 신학대학원에서 합격 통지서가 날아옵니다. 이쯤 되면 '목회자가 되는 것이 하나님의 뜻인가 봐' 하고 청년은 생각하게 됩니다.

한 청년이 두 사람에게 연거푸 목회자의 길을 권유받고, 신학대학원에 합격하는 일이 일어날 확률이 얼마나 될까요? 사실 확률이 얼마인지는 중요하지 않습니다. 중요한 건, 확률이 높든 낮든 이것이 자연적으로 일어날 수 있는 일이라는 점입니다. 게다가 교회라는 환경에선 목회의 길을 권유하는 사람이 보다 더 많겠지요. 청년이 목회자에게 필요한 자질을 가지고 있다면 더욱 그럴 것입니다. 무엇보다 사람은 생각보다 주관적입니다. 평소 같으면 흘려들었을 말도 지금 자신이 고민하고 있는 문제라면 강렬하게 들릴 수 있습니다.

내가 생각하는 방향으로 길이 열렸다 혹은 막혔다 하는 것도 마찬가지입니다. 그것은 하나님의 뜻과 무관하게 확률적으로 가능한 일입니다. 확실하지 않은 두 가지 일이 동시에 일어났다고 해서 확실한 일이 되진 않습니다. 다만 확률상 희박한 일이 일어났다고는 말할 수 있습니다.

## 조건과 응답에 대한 오해

간혹 하나님의 뜻을 분별하기 어렵고 답답한 나머지 이렇게 기도하고 응답을 구하는 경우가 있습니다. "하나님, 이 학교에 진학하는 것이 정말 맞다면 오늘밤까지 등록금이 생기게 해주세요."

어떤 조건을 걸고, 그 조건이 충족되는지로 하나님의 가부를 묻는 것입니다. 이런 방법은 유명한 기드온의 양털 시험을 근거로 많이 삼습니다. 사사기 6장에서 미디안과의 전쟁을 앞두고 기드온이 하나님께 묻습니다.

> 36 기드온이 하나님께 여쭈되 주께서 이미 말씀하심같이 내 손으로 이스라엘을 구원하시려거든 37 보소서 내가 양털 한 뭉치를 타작 마당에 두리니 만일 이슬이 양털에만 있고 주변 땅은 마르면 주께서 이미 말씀하심같이 내 손으로 이스라엘을 구원하실 줄을 내가 알겠나이다 하였더니(삿 6:36-37).

놀랍게도 아침이 되자 기드온의 요청대로 양털만 이슬에 젖었고, 주변의 땅은 말라 있습니다. 기드온은 여기서 그치지 않고 다시 한 번 하나님께 구합니다. 이번에는 반대로 땅만 이슬에 젖고, 양털은 젖지 않도록 말입니다. 하나님은 기드온이 요구한 대로 행하십니다. 마침내 기드온은 미디안과 전쟁을 치르러 나갑니다.

이처럼 우리도 하나님께 조건을 걸고 그 응답으로 우리의 길을 확인할 수 있을까요? 적지 않은 사람들이 이런 식으로 하나님의 뜻을 확인했다고 간증하기도 합니다. 그러나 본문은 우리가 생각하는 식의 조건과 응답이 아니라는 사실을 알아야 합니다.

첫째, 기드온은 미디안과의 전쟁에 나가는 것이 하나님의 뜻인지 잘 몰라서 물은 게 아닙니다. 이미 하나님의 뜻을 알고 있지만 전쟁에 나가기가 두려운 나머지 용기를 얻고자 확실한 징조를 구한 것입니다.

하나님은 기드온을 처음 부르실 때, 그를 통해 미디안의 손에서 이스라엘을 구하겠다고 말씀하셨습니다. 기드온은 이 말씀이 사실인지 확인하기 위해 천사에게 기적을 요구합니다. 천사는 기드온이 가져온 제물을 바위 위에서 불사르는 기적을 행합니다. 이에 그는 집 안에 있는 바알 제단을 부수라는 하나님의 명령에 순종하려 합니다. 그런데 너무 겁이 납니다. 바알 제단을 부수면 우상 숭배에 빠져 있던 이스라엘 백성들이 가만히 있을 것 같지 않습니다. 그래서 그는 차마 낮엔 하지 못하고 밤에 몰래 가서 바알 제단과 신상을 부숩니다. 이런 일련의 사건 후에 이제 기드온은 미디안과의 전쟁을 앞두고 있습니다. 이 마당에 그가 부르심을 확신하지 못하거나 전쟁의 당위성을 확신하지 못했을 리 없습니다. 그는 초자연적인 기적으로 부르심을 받았고, 바알 제단을 부쉈으며, 이미 이스라엘 백성들을 불러모았습니다. 이번에도 그는 겁이 났을 것입니다. 그래서 두려움을 제거해 줄 하나님의 증거를 구합니다. 그것이 이른바 양털 시험입니다.

둘째, 기드온의 양털 시험은 자연적으로 일어날 확률이 제로인 완벽하게 초자연적인 현상입니다. 때마침 등록금이 생긴다는 것은 놀랍지만 초자연적인 현상이 아닙니다. 확률이 낮긴 해도 없진 않습니다. 확률이 800만분의 1인 로또도 누군가는 당첨되지 않습니까? 이것은 자연적으로 일어날 수 있는 일입니다.

우리가 기도 중에 조건을 걸고, 그 조건의 응답을 얻는 것은 꼭 하나님의 뜻이 아니어도 확률상 일어날 수 있는 일입니다. 그것이 확률에 의한 것인지 하나님의 뜻에 의한 것인지 어떻게 구별할 수 있을까요? 확실하지 않은 것을 하나님의 뜻이라고 말할 수 있을까요?

게다가 하나님을 시험하듯 조건을 내거는 기드온의 방식을 과연 하나님께서 기뻐하실지에 대해서도 생각해 봐야 합니다. 하나님께서 기드온의 연약함을 긍휼히 여겨 그의 조건을 들어주시긴 합니다. 그러나 보다 더 바람직한 자세는, 그대로 순종하든지 아니면 필요한 용기를 감사한 마음으로 구하는 것입니다. 등록금을 도저히 구하기 어려울 때 구하고 응답받는 것은 귀한 일입니다. 두려울 때 용기를 구하는 것도 꼭 필요합니다. 그러나 조건을 걸고 하나님을 시험하듯 응답을 기다리는 것은 결코 바람직하지 않습니다.

### 제비뽑기에 대한 오해

제비뽑기는 하나님의 뜻을 분별하기 위해 사용하는 방법으로 성경에 자주 등장합니다. 그래서 어떤 사람들은 지금도 제비뽑기로 하나님의 뜻을 분별할 수 있다고 믿는 것 같습니다. 과연 이 방법은 오늘날에도 유효할까요? 성경을 통해 각 경우를 살펴보겠습니다.

### 첫째, 제사장과 관련한 제비뽑기

레위기에는 제사에 쓸 제물을 선택하는 제비뽑기가 등장합니다(레 16:8-10). 또한 제사장은 우림과 둠밈이라는 제비 혹은 주사위로 추정되는 것으로 하나님의 뜻을 물었습니다. 그래서 우림과 둠밈을 넣어 가지고 다니던 흉패를 판결흉패라고 부르기도 합니다. 이 흉패는 하나님의 명령에 따라 제사장 복장의 일부로 만들어진 것입니다(출 28:30).

구약의 제사장은 매우 독특한 지위와 구속사적 역할을 가진 존재입니다. 오늘날 우리에겐 제사장도, 제사장의 복장도, 제사장의 가장 큰 역할이었던 제사도 없습니다. 제사를 드리는 성전도 없습니다. 예수 그리스도가 완전한 제사장이 되어 완성하신 완전한 제사를 통해 새로운 성전, 곧 성전 된 그분의 백성들인 성도들이 세워졌기 때문입니다.

제사도 제사장도 없는데, 제사장의 부수적인 역할과 방식에 해당하는 제비뽑기를 그대로 시행할 수 있다고 여기는 것은 이치에 맞지 않습니다.

### 둘째, 죄악을 판결하기 위한 제비뽑기

여호수아가 이끌던 이스라엘이 아이성 전투에서 패전한 이유가 누군가가 하나님의 것을 도둑질했기 때문임을 알게 된 후,

그를 밝혀내기 위해 제비를 뽑습니다(수 7장). 사울 왕은 자신이 내린 금식령을 어긴 범인을 가려내기 위해 제비를 뽑습니다(삼상 14:24-46).

죄인을 판결하는 것은 이스라엘의 지도자인 왕과 제사장이 맡은 매우 중요한 임무였습니다. 제사장의 흉패에 있던 우림과 둠밈도 이런 재판에 사용되었을 것으로 추정됩니다. 이것은 신정 국가 이스라엘이라는 특수 공동체 안에서, 재판장 역할을 하는 왕과 제사장에게 국한된 일입니다. 오늘날엔 이런 식의 재판이 시행되지 않습니다. 제사장과 관련한 제비뽑기가 더 이상 유효하지 않은 이유와 같습니다.

### 셋째, 기업을 나누기 위한 제비뽑기

하나님은 이스라엘 백성이 가나안 땅을 분배할 때 제비를 뽑으라고 명령하십니다. 먼저 각 지파의 인구 수대로 땅의 크기를 정한 뒤, 비슷한 인구의 지파끼리 제비를 뽑아 땅의 위치를 정하는 방법입니다(민 26:52-56). 이스라엘은 가나안을 점령한 다음, 그 명령대로 제비를 뽑아 땅을 분배합니다(수 14-23장).

그런데 모세는 제비뽑기 하라는 명령을 직접 하나님을 대면하여 받습니다. 하나님은 아무 때나 제비뽑기를 명하지 않으십니다. 기업 분배라는 특수한 상황에서만 직접 제비를 뽑으라고 명령하십니다. 우리는 하나님을 직접 대면한 적도 없고, 우리가 고민하는 사안에 대해 제비뽑기를 하라는 명령을 받은 적도 없습니다. 그러므로 이 제비뽑기를 우리의 선택 방식에 적용할 수 없습니다.

### 넷째, 사람을 선택하기 위한 제비뽑기

다윗 왕은 제사장의 반차(역할, 지위)를 결정하기 위해(대상 24장), 찬양대를 뽑기 위해 제비를 사용했습니다(대상 25:7-8). 느헤미야는 재건된 예루살렘에 거주할 백성을 뽑기 위해 제비를 사용합니다(느 11:1). 가장 유명한 제비뽑기는 죽은 가룟 유다를 대신할 새로운 사도 '맛디아'를 뽑는 장면일 것입니다(행 1:26).

위의 사례는 공동체를 위한 특수 직분에 관한 일로서 그 대상도 하나님의 특별한 부르심을 받은 왕이나 제사장, 선지자에 국한됩니다. 신약에서 제비로 맛디아를 뽑은 일도 '사도'라는 매우 특수한 직분에 국한됩니다.

성령 강림 이후 최초로 신약 교회 지도자를 선출하는 장면부터는 제비뽑기가 사라집니다. 일곱 집사를 세울 때 교회는 오직 성도들의 평판에 따라 성령 충만하고 지혜가 탁월한 인물들을 선발합니다(행 6장). 신약 교회의 출발을 알리는 성령 강림 이후로 구약의 신탁(神託)인 제비뽑기가 더 이상 필요하지 않게 되었기 때문입니다. 더 이상 구약의 제사도, 제물도, 제사장도, 지파도, 기업도 존재하지 않는 이유와 같습니다.

디모데전서 3장에는 초대 교회의 핵심 직분자인 감독과 집사를 세우는 기준이 등장합니다. 모두 인격과 관련되어 있고, 잘 가르칠 것과 잘 다스릴 것 등의 은사를 고려할 뿐입니다.

분명한 하나님의 뜻은, 성경에 명시된 지도자의 자격을 갖췄는지 면밀히 살펴서 확인된 사람을 성도들의 선택에 따라 세우는 것입니다. 다만 모든 후보자가 동등한 자격 요건을 갖췄을 때는, 불필요한 경쟁을 지양하고 공동체의 화합을 도모하기 위한 지혜로운 방법으로 제비뽑기를 고려해 볼 수 있습니다. 이 경우에도 제비뽑기 결과를 하나님의 뜻이라고 말하긴 적절치 않습니다. 교회가 도모할 수 있는 가장 공정하고 지혜로운 방법이라고 말하는 것이 적절합니다.

### 체험에 대한 오해

적지 않은 성도들이 계시와 신앙 체험을 혼동합니다. 자신의 체험에 '하나님의 음성', '하나님의 뜻' 같은 단어를 사용하여 생기는 혼선입니다.

계시는 하나님께서 우리에게 주시는 진리에 관한 객관적인 지식입니다. 성경은 우리가 계시를 통해 진리를 알게 된다고 선언합니다. 계시는 주로 일반 계시와 특별 계시로 나눕니다. 일반 계시란 온 피조 세계, 즉 자연계를 통해 하나님께서 신성을 나타내신 일입니다. 특별 계시란 하나님께서 주신 성경 말씀입니다. 자연계는 인간의 능력으론 변개할 수 없는 본연의 속성과 작동 원리가 있습니다. 우리가 과학이라는 학문을 할 수 있는 이유도 자연계에 변하지 않는 작동 원리가 있기 때문입니다. 로마서는 이렇게 말합니다.

> 창세로부터 그의 보이지 아니하는 것들 곧 그의 영원하신 능력과 신성이 그가 만드신 만물에 분명히 보여 알려졌나니 그러므로 그들이 핑계하지 못할지니라(롬 1:20).

문제는 아담과 하와가 선악과를 따먹고 타락하여 불완전한 존재가 되었다는 것입니다. 이제 우리는 일반 계시만으론 하나님을 온전히 알 수 없게 되었습니다. 그래서 하나님께서 새로운 계시를 주셨는데, 그것이 바로 특별 계시인 성경입니다.

일반 계시인 자연계와 특별 계시인 성경 사이엔 한 가지 공통점이 있습니다. 그것은 객관성입니다. 둘 다 변하지 않는 속성이 있어 누구나 탐구할 수 있습니다.

만약 성경 말씀을 우리와 비슷한 누군가가 그 시대에 경험한 신앙 체험으로 생각해 버린다면, 우리의 신앙은 미궁에 빠지고 말 것입니다. 성경 말씀이 하나님의 객관적인 말씀이 아니라 성경을 쓴 개인들의 깨달음에 그치고 말기 때문입니다. 그렇다면 사도 바울이 기록한 로마서 말씀이 맞는지, 내 생각이 맞는지 따져 봐야 하는 지경에 이를 것입니다. 참된 신자는 누구도 성경 말씀이 내 경험과 동등한 위치를 갖는다고 생각지 않습니다.

우리가 믿는다는 것은 성경의 모든 말씀을 믿는 것이요, 성경 말씀을 믿는다는 것은 성경 말씀이 스스로 증거하는 바와 같이 성경이 객관적인 하나님의 말씀임을 인정하는 것이기 때문입니다.

성경은 폐하지 못하나니…(요 10:35 상반절).

[20] 먼저 알 것은 성경의 모든 예언은 사사로이 풀 것이 아니니 [21] 예언은 언제든지 사람의 뜻으로 낸 것이 아니요 오직 성령의

감동하심을 받은 사람들이 하나님께 받아 말한 것임이라(벧후 1:20-21).

내 말과 생각은 언제든 폐할 수 있습니다. 우리는 수시로 잘못된 생각을 하기 때문입니다. 폐할 수 없다는 것은 완전한 말씀이라는 뜻입니다. 성경 말씀을 사사로이 풀 수 없다는 것은 성경이 한 개인의 주관적인 주장이 아니라는 말입니다. 성경은 하나님으로부터 주어진 그분의 객관적인 말씀입니다.

성경은 스스로를 하나님의 말씀이라고 확증하고 있습니다. 그 중심에는 예수님이 계십니다. 성경은 일반적인 신앙 체험 모음집이 아니라, 매우 특수한 부르심과 상황, 방법을 통해 기록되고 예수님과 예수님의 말씀을 직접 듣고 가르침을 받은 제자들에 의해 확증된 유일무이한 하나님의 계시입니다(이에 대한 더 자세한 내용은 41-44쪽의 '한 걸음 더 들어가기'를 보십시오).

오늘날 누군가가 계시를 받는다고 하면, 그것은 명확하게 '이단'이 됩니다. 많은 이단들을 보십시오. 새로운 계시를 주장하며 성경에 무언가를 더하거나 뺍니다.

하나님의 말씀인 성경은 명백한 '하나님의 뜻'이라고 말할 수 있습니다. 이는 모두가 확인할 수 있는 객관적인 하나님의 뜻입니다. 그러나 신앙 체험은 주관적인 것으로 명백한 하나님의 뜻이라고 말할 수 없습니다. 자기만의 독특한 체험을 성경에 방불한, 반드시 순종해야 하는 하나님 말씀에 가까운 것으로 여기도록 종용하는 사람이 있다면, 그는 정죄받아 마땅합니다.

이단으로 판명된 한 교회 목사가 이렇게 말하는 것을 들었습니다.

"천사 봤어요? 못 봤으면 말하지 마."

부당한 영적 권위를 세우기 위해 자기만의 특별한 신앙 체험을 내세우는 자들의 특징이 있습니다. 그들은 자기 경험을 말씀보다 앞세웁니다. 왜 천사를 못 봤으면 말하지 말아야 합니까? 왜 그 말에 주눅이 듭니까? 우리는 천사의 말보다 확실한 하나님의 말씀인 성경을 받은 사람들입니다. 누구든지 성경을 보고 바르게 깨우쳐 아는 바를 말할 수 있습니다. 성경은 하나님의 사람을 온전케 합니다(딤후 3:16-17). 천사를 보지 못해도 신앙에 아무런 지장이 없습니다. 우리의 신앙 체험이 아무 의미가 없다는 말이 아닙니다. 이 부분에 대해선 3장, 특별히 "신앙 체험이 자유로운 선택에 도움이 될 때가 있다"(69-75쪽)에서 다시 다루겠습니다.

신앙 체험을 말씀과 방불한 위치에 놓거나 말씀보다 위에

놓는 사람은 영적 소경과 같아서 결코 올바른 진리에 이를 수 없습니다. 신앙 체험은 명확한 하나님의 말씀인 성경 말씀을 우리의 삶에 잘 적용하는 데 도움이 될 때 비로소 유익합니다.

한 걸음 더 들어가기
## 성경은 스스로를 증거한다

구약 성경을 하나님의 말씀으로 확증하긴 상대적으로 쉽습니다. 예수님께서 당시 유대인들이 인정하던 구약 성경을 하나님의 말씀으로 확증하셨기 때문입니다. 예수님은 구약을 인용하여 말씀을 전하시고, 자신이 메시아임을 확인해 주셨습니다.

그러면 신약 성경은 어떻게 하나님의 말씀으로 확증할 수 있을까요? 신약 성경은 예수님의 승천 후에 쓰인 책이니 예수님께서 확증해 주실 길이 없지 않을까요? 그렇지 않습니다. 신약의 권위도 예수님에 의해 확증됩니다.

옛적에 선지자들을 통하여 여러 부분과 여러 모양으로 우리 조상들에게 말씀하신 하나님이 이 모든 날 마지막에는 아들을 통하여 우리에게 말씀하셨으니 이 아들을 만유의 상속자로 세우시고 또 그로 말미암아 모든 세계를 지으셨느니라(히 1:2).

신약은 구약의 완성이신 예수님과 그분의 가르침입니다. 예수님께서 세우고 권위를 부여하신 제자들, 즉 사도들이 예수님의 행적과 가르침을 기록했습니다. 그들은 예수님을 대면하여 직접 가르침을 받았습니다. 신약 성경의 저자 중엔 누가와 같이 예수님의 직계 제자가 아닌 이들이 있지만, 그들이 기록한 내용은 사도들의 가르침과 행적이지 그들의 생각이 아닙니다. 누가복음도 누가가 기록했지만 실제 저자는 사도들인 셈입니다. 사도 바울 역시 예수님을 목도했고, 다른 사도들이 직접 그를 사도로 인정했습니다.

예수님의 가르침을 증거한 사람은 1명이 아닙니다. 그분의 제자는 12명입니다. 사도만큼은 아니어도 아주 가까이서 예수님을 따랐던 제자가 70명입니다(눅 10:1-20). 먼 발치에서 가르침을 들은 무리까지 더하면 셀 수 없이 많은 사람들이 예수님을 직접 보고 가르침을 받았습니다.

신약 성경은 모두 예수님의 승천 후 30-60년 사이에 쓰였습니다. 이 시기엔 앞의 증인들이 생존해 있었기 때문에 교회 안에서 그 문서가 정말 사도의 것인지, 내용이 진짜인지를 확인할 수 있었습니다. 이때 쓰여 교회 안에서 널리 읽히던 문서들을 4세기 말에 교회 공의회에서 성경으로 확정했습니다. 마음대로 정한 게 아니라 이미 300년 이상 교회 안에서 사도의 문서로 공증되어 온 것을 한데 묶었습니다.

신약 성경의 권위는 오직 사도성으로 입증됩니다. 신약은 곧 예수님의 말씀과 그에 대한 해설이므로, 예수님의 말씀을 직접 전해 들은 사도와 직접 관계가 없는 한 그 말씀의 권위를 주장할 수 없습니다. 사도는 말씀의 증거와 보존을 위해 세워진 매우 특수한 직분입니다. 사도성은 신약 성경이 하나님께서 말세에 아들을 통해 하신 말씀임을 검증합니다.

예수님께서 직접 세우신 사도들의 증언은 사도 요한이 받은 마지막 환상으로 마무리됩니다. 사도 요한은 계시록 마지막 장에 이렇게 기록합니다.

> [18] 내가 이 두루마리의 예언의 말씀을 듣는 모든 사람에게 증언하노니 만일 누구든지 이것들 외에 더하면 하나님이 이 두루마리에 기록된 재앙들을 그에게 더하실 것이요 [19] 만일 누구든지 이 두루마리의 예언의 말씀에서 제하여 버리면 하나님이 이 두루마리에 기록된 생명나무와 및 거룩한 성에 참여함을 제하여 버리시리라(계 22:18-19).

계시록은 이제 막 태동한 초대 교회에서부터 마지막 세상의 멸망과 하나님나라의 완성까지 다루고 있습니다. 이제 누구도 종말의 때까지 기록된 이 책에서 더하거나 빼선 안 된다고 말합니다. 바꿔 말하자면, 성경이 완전하게 종결되었다는 것입니다. 특별 계시인 성경 말씀에 이제 무언가를 더하거나 뺄 수 없습니다. 말씀을 더하거나 빼지 말라는 계시록의 경고를 계시록에 국한해서 생각하는 것은 좁은 이해입니다. 이는 성경 전체에 대한 선언일 수밖에 없습니다.

신약은 예수님의 가르침과 그에 대한 해설입니다. 예수님에 관한 사도들의 새로운 증언이 나오지 않는 한 종결된 가르침입니다. 당연히 새로운 증언은 나올 수 없습니다. 사도와 증인들은 이미 세상을 떠났고, 예수님을 목격한 초대 교회 성도들이 공증한 문서는 신약 성경이 전부이기 때문입니다. 아무리 유력한 문서가 등장해도 그것을 공증해 줄 목격자는 더 이상 세상에 없습니다. 계시록을 끝으로 과거인 구약, 현재인 예수님에 관한 증언, 미래인 교회의 종말이 그 기록을 완전하게 마쳤습니다.

# 3. 나를 향한 하나님의 확실한 뜻

### 전제의 오류 – 과연 유일한 길이 있는가?

여기까지 이르면 인생의 선택을 위한 '하나님 뜻'을 찾기가 너무 어렵다는 생각이 들지 모르겠습니다. 그렇다면 잘못 이해한 것입니다. 어려운 것이 아니라 불가능합니다.

왜일까요? 그런 길은 애당초 없기 때문입니다! 내 인생에 펼쳐진 하나님의 길은 처음부터 단 하나의 선택을 요구하는 길이 아닙니다. 이런 오해가 생긴 주된 원인은 성경에 기록된 선택과 관련된 하나님의 초자연적 계시를 우리도 따라야 하는 보편적인 모델로 받아들이기 때문입니다. 구속사적으로 특수한 상황, 특정 시대에 계시를 위해 세우신 아주 특별한 직분, 초자연적 방식을 통한 하나님의 계시라는 특수성을 간과했기 때문에 생긴 오해입니다.

우리가 명백히 죄를 범하지 않는 한, 하나님은 우리를 징계하거나 벌하지 않으십니다. 죄가 아닌 문제에선 선택의 자유를 주십니다. 아담과 하와에게 에덴 동산을 주신 하나님은 이렇게 명령하십니다.

> [16] 여호와 하나님이 그 사람에게 명하여 이르시되 동산 각종 나무의 열매는 네가 임의로 먹되 [17] 선악을 알게 하는 나무의 열매는 먹지 말라 네가 먹는 날에는 반드시 죽으리라 하시니라(창 2:16-17).

하나님은 아담에게 단 하나의 기준을 주십니다. "선악을 알게 하는 나무의 열매는 먹지 말라." 선악을 판단하는 분은 하나님이십니다. 인간이 스스로 선악을 판단하는 것, 그것이 '죄'입니다. 하나님의 명령을 어기고 선악과를 먹는다는 건 선악 간의 판단을 이미 스스로 하고 있다는 뜻이므로 죄가 됩니다. 하나님은 죄를 명백하게 금하십니다. 이것이 하나님의 뜻입니다.

다른 열매는 어떻습니까? 다른 열매에 대한 규정 역시 하나입니다. "임의로 먹되"라고 말씀하십니다. 자유롭게 먹으라는 뜻입니다. 바꿔 말해, 죄를 짓지 않는다면 나머지는 네 마음대로 하라는 것입니다. 하나님은 아담에게 식단을 정해 주시고, 오늘 아침은 포도, 점심은 사과, 저녁은 브로콜리를 먹으라고 하지 않으십니다. 순서도, 양도, 종류도 모두 자유로운 선택에 맡기십니다. 자유로운 선택은 분명 하나님의 뜻입니다.

저는 장로교 목사로서 하나님의 절대 주권을 믿습니다. 절대 주권이란 것은 우리의 고백이지 우리가 구체적으로 그 내용을 가늠하거나 실천할 수 있는 항목이 아닙니다. 하나님께서 주신 지정의로 느끼고 사고하고 선택하는 것은 우리의 '책무'입니다. 한편, 우리의 자유로운 선택권을 훼손하지 않으면서도 종국엔 모든 것을 그분의 뜻대로 이루시는 하나님의 절대 주권은 신앙의 '신비'입니다.

절대 주권만큼이나 명확한 건 하나님께서 우리에게 자유 의지를 주셨다는 것입니다. 우리는 자유 의지를 가지고 자유로운 선택을 할 수 있습니다. 이 모든 것이 하나님의 절대 주권 아래 있습니다.

## 자유로운 선택 – 나를 향한 하나님의 확실한 뜻

사실 우리는 일상에서 이미 자유로운 선택의 특권을 누리고 있습니다. 경건한 그리스도인들도 인생 대부분의 선택을 자유롭게 하고 있습니다.

우리 중 누구도 화장실에 들어갈 때 하나님의 뜻을 묻지 않습니다. 몇 층 화장실에 하나님의 뜻이 있는지, 화장실 어느 칸에 들어가는 것이 하나님의 뜻인지 헤아리려 하지 않습니다. 왜일까요? 이런 일은 인생에서 그다지 중요한 문제가 아니기 때문일까요? 그렇다면 하나님께 물어야 할 중요한 문제와 묻지 않아도 될 덜 중요한 문제의 기준은 무엇인지 묻지 않을 수 없습니다.

비극적인 뉴욕 9.11 테러 당시, 1층 화장실에 있던 사람은 살았을 것이고, 90층 화장실에 있던 사람은 죽었을 것입니다. 때로 화장실을 선택하는 일이 생사를 가를 수 있습니다. 물론 아주 희박한 일이지요. 그렇다면 우리는 중요한 일이 일어날 가능성이 희박한 일은 내 마음대로 하고, 가능성이 높은 일은 하나님의 뜻을 물어야 할까요? 하나님의 뜻을 묻는 기준이 중요한 일이 일어날 확률이라면 어느 정도까진 하나님께 묻고, 어느 정도까진 내 마음대로 선택해도 되는 걸까요?

2층 화장실과 3층 화장실 사이에서 고민하던 사람이 3층 화장실을 선택합니다. 하필 그 앞에서 10년 만에 동창생을 만납니다. 그리고 3개월 후 그 동창생과 결혼을 합니다. 화장실 선택이 결혼으로 이어진 것입니다.

이처럼 우리 삶에 사소하게 보이는 선택의 연쇄 효과까지 고려한다면, 사실 무엇이 사소한 선택이고 무엇이 중요한 선택인지 가려내는 일조차 우리 능력 밖의 일임을 알게 됩니다. 때로 우리가 작다고 생각했던 일이 상상도 못하게 큰일이 되고, 굉장히 크게 생각했던 일이 별것 아닌 일로 밝혀지기도 하니 말입니다. 그러므로 하나님께서 사소해 보이는 우리 일상의 선택에 자유를 주셨다면, 우리에게 커 보이는 어떤 선택에도 자유를 주셨음을 인정해야 합니다.

사도행전 15장 35절 이하를 보면 바울의 2차 전도 여행이 시작됩니다. 바울이 마게도냐의 환상을 본 후, 그곳으로 진로를 바꾸게 된 여행입니다. 그 시작을 성경은 이렇게 기록합니다. "며칠 후에 바울이 바나바더러 말하되 우리가 주의 말씀을 전한 각 성으로 다시 가서 형제들이 어떠한가 방문하자 하고"(행 15:36).

바울은 두 번째 전도 여행이 기도 중에 받은 하나님의 뜻이라고 말하지 않습니다. 이미 1차 전도 여행을 통해 세운 교회들을 심방하는 것은 목회에 매우 유익한 일이었을 것입니다. 바울은 자유롭게 지혜로운 목회 방법을 선택했고, 바나바에게도 제안합니다. 바나바도 이에 동의합니다.

그런데 문제가 생깁니다. 방향에 대한 견해는 일치했으나 방법에 대한 견해가 달랐습니다. 바나바는 1차 전도 여행에서 중도 포기한 마가를 다시 데려가자고 제안합니다. 바울은 중도 포기한 사람을 다시 데려갈 수는 없다고 반대합니다. 둘의 의견이 얼마나 첨예하게 대립했는지 성경은 "서로 심히 다투어 피차 갈라서니"(행 15:39)라고 기록합니다. 결국 바나바는 마가를 데리고 구브로로 가고, 바울은 실라라는 새로운 동역자를 얻어 2차 전도 여행을 떠납니다.

바울의 2차 전도 여행은 역사적으로 매우 중요한 사건입니다. 그런데 여행을 앞두고 초대 교회의 탁월한 지도자이자 성령 충만했던 두 사람의 의견이 나누어집니다. 마가를 데려가는 것이 하나님의 뜻인가, 아니면 두고 가는 것이 하나님의 뜻인가? 이 문제로 두 지도자가 완전히 다른 여정에 오릅니다. 우리 생각처럼 인생의 기로에서 하나님이 원하시는 단 하나의 길이 있어 반드시 그 길을 선택해야 한다면, 바울과 바나바 둘 중 하나는 하나님의 뜻이 아닌 길을 간 셈입니다. 과연 그럴까요?

성경은 둘의 주장 중 누가 옳았다고 평가하지 않습니다. 그들은 주장은 '옳고 그름'이 아니라 '서로 다름'의 문제였기 때문입니다.

바나바는 사람을 중시하는 지도자였습니다. 바울이 다메섹 도상에서 회심한 뒤에 일반 사람들은 물론이고 사도들도 그의 회심을 믿지 않았습니다. 어떤 계략이 있지 않은지 경계했습니다. 그때 바울을 두둔하고 사도들에게 소개한 사람이 바나바입니다. 바울이 회심 후 핍박을 피해 고향 다소로 돌아가 칩거할 때, 안디옥교회로 불러 함께 사역할 것을 권유했던 이도 바나바입니다. 이처럼 사람을 중시하는 바나바이기에 첫 여행에서 실패한 마가에게 다시 기회를 주고 싶었을 것입니다.

바울은 바나바에 비해 매우 도전적이고, 열정으로 사역에 매진하는 사람이었습니다. 상대적으로 사역에 초점을 맞춘 바울에게 마가는 사역을 망칠 수 있는 위험 요소였을 것입니다. 그에게 마가는 훈련과 검증이 더 필요한 사람이었습니다.

서로 다른 길을 갔던 두 사람은 어떻게 되었을까요? 한쪽은 하나님의 인정을 받아 평탄하고 능력 있는 길을 걷고, 다른 한쪽은 결국 길이 막혀 회개하고 돌아오게 되었을까요? 아닙니다.

바나바는 바울과 헤어진 뒤 마가와 동역하여 마가를 초대교회의 훌륭한 지도자로 키워 냅니다. 최초의 복음서인 마가복음을 쓴 사람이 이 마가입니다. 나중엔 사도 바울도 마가를 인정할 뿐 아니라 마음으로 의지하기까지 합니다. 사도 바울은 그의 유언장과 같은 디모데후서에서 디모데에게 이렇게 편지합니다. "네가 올 때에 마가를 데리고 오라 그가 나의 일에 유익하니라"(딤후 4:11).

바울은 어떻습니까? 그가 실라와 함께한 2차 전도 여행은 소아시아를 넘어 유럽에 이르기까지 교회가 세워지는 역사적인 여행이 됩니다.

중대한 기로에서 바울과 바나바는 정반대의 길을 선택했고, 그들 모두 하나님의 선한 인도하심을 받습니다. 이처럼 옳고 그름의 문제가 아닌 한, 하나님은 매우 중요한 선택에서도 자유를 허락하십니다.

**목적지는 동일하다**

성경은 한 사람의 인생이 오직 한 길로 되어 있다고 말하지 않습니다. 오히려 우리에게 자유로운 선택의 길이 있고, 다만 그 모든 길이 하나의 목적지를 향해야 한다고 말합니다.

그렇다면 우리 삶이 궁극적으로 도달해야 하는 목적지는 어디입니까?

개신교에서 가장 널리 알려진 교리문답서 중에 웨스터민스터 대소요리문답이 있습니다. 대소요리문답의 첫 번째 질문은 "사람의 제일 되는 목적이 무엇입니까"입니다. 그 대답은 이렇습니다. "사람의 제일 되는 목적은 하나님을 영화롭게 하는 것과, 그를 영원토록 즐거워하는 것입니다."

성경이 우리에게 명령하는 바입니다.

> 그런즉 너희가 먹든지 마시든지 무엇을 하든지 다 하나님의 영광을 위하여 하라(고전 10:31).

"하나님의 영광을 위하여" 산다는 것을 달리 이렇게 표현할 수 있습니다. '예수님처럼' 사는 것입니다.

> ¹³ 우리가 다 하나님의 아들을 믿는 것과 아는 일에 하나가 되어 온전한 사람을 이루어 그리스도의 장성한 분량이 충만한 데까지 이르리니… ¹⁵ 오직 사랑 안에서 참된 것을 하여 범사에 그에게까지 자랄지라 그는 머리니 곧 그리스도라(엡 4:13, 15).

여기에 우리 삶의 목적지가 제시되어 있습니다. "그리스도의 장성한 분량"에 이르는 것입니다. 그에게까지 자라는 것입니다. 예수님을 믿고, 알고, 닮아 가는 것입니다. 이것이 우리 삶의 궁극적인 목적이요. 하나님을 영화롭게 하는 길입니다. 또한 하나님을 영원토록 즐거워하는 것입니다. 완전하신 예수님 안에 모든 것이 있습니다. 우리가 하나님께 온전히 영광을 돌리는 "온전한 사람"이 되는 것은 "하나님의 아들을 믿는 것과 아는 일에 하나"가 되어야 가능합니다.

우리 삶엔 단 하나의 '목적'이 있습니다. 하나님께 영광 돌리는 삶, 즉 예수님을 따르는 삶입니다. 그리고 내 삶에서 이 목적을 이루는 데는 다양하고 자유로운 '방법'이 있습니다.

자유롭게 선택해도 되는 길이라면, 어떤 길을 선택하느냐보다 목적지를 분명히 알고 방향을 잃지 않는 것이 중요합니다. 어느 길을 선택해도 '악한' 길이 아니기 때문입니다. 단지 좀 덜 적합한 길일 뿐입니다. 좀 힘들 수도 있고, 돌아갈 수도 있고, 원점으로 돌아왔다가 갈 수도 있지만 목적지까지 갈 수 없는 길이 아닙니다. 방향만 잃지 않는다면 어떤 길도 우리에게 유익이 됩니다. 곧장 가면 빠르게 갈 수 있습니다. 돌아가면 빠르게 갈 때와는 다른 풍경을 볼 수 있습니다. 쉽게 가면 편안합니다. 어렵게 가면 단단해집니다. 목적지에 잘 도착할 수만 있다면 시행착오도 추억이 됩니다.

교사가 되는 것이 하나님의 뜻인지, 선교사가 되는 것이 하나님의 뜻이지 고민된다며 한 학생이 제게 물은 적이 있습니다. 저는 이렇게 대답해 주었습니다.

"하나님은 네가 딸기 먹는 것을 기뻐하실까, 참외 먹는 것을 기뻐하실까?"

"네?"

"하나님은 네가 뭘 먹든 감사히 먹고, 친구와 기쁘게 나눠 먹고, 무엇보다 네가 잘 먹고 건강해지는 것을 기뻐하셔. 그게 하나님의 뜻이야."

일반 학교의 교사가 되어도 거룩한 교사가 될 수 있고, 선교사가 되어도 무책임한 선교사가 될 수 있습니다. 직업 자체가 죄가 아닌 한 우리가 예수님을 닮아 가는 데 직업은 별 상관이 없습니다. 그 길에서 어떤 태도로 살아가느냐가 중요합니다. 하나님의 관심은 우리가 어떤 직업을 갖느냐가 아니라 어떤 사람이 되느냐에 있습니다. 먹든지, 마시든지, 무엇을 하든지 하나님의 영광을 위하여 하면 하나님께서 기뻐하십니다.

올바른 목적 안에서 누리는 자유로운 선택의 특권을 설명하는 데 존 맥아더의 얇은 책이 도움이 될 것 같습니다. 그는 『하나님의 뜻』(Found: God's Will)에서 성경에 명백히 드러나는 하나님의 뜻을 다음과 같이 정리합니다.

첫째, 내가 구원받고, 구원을 전하는 것
둘째, 성령으로 충만해지는 것
셋째, 거룩하고 순결해지는 것
넷째, 세상 속에서 순종하여 세상의 소금과 빛이 되는 것
다섯째, 주를 위해 고난받는 것

그리고 마지막 여섯째 원리를 이렇게 말합니다.

이제 마지막 원리를 말해 주겠다. 의자를 단단히 붙들라! 풀쩍 풀쩍 뛰고 소리를 지르고 싶어질지도 모른다. 당신이 위에서 언급한 다섯 가지 기본 원리들을 전부 다 이행하고 있다면, 하나님의 뜻에 관한 마지막 원리는 당신이 원하는 것은 뭐든지 다 하는 것이다(p. 108).

저는 이렇게 요약하고 싶습니다. "뭐든지 다하라! 예수님 따르는 길을 걷고 있다면!"

## 선택을 위한 지혜

예수님을 따라간다는 삶의 목적만 잃어버리지 않는다면, 선택의 기로에서 우리는 얼마든지 자유롭게 선택할 수 있습니다. 자유롭게 선택할 수 있다고 해서 어느 쪽을 골라도 결과가 똑같다는 뜻이 아닙니다. 잘못이거나 하나님께 꾸지람받을 일이 아니라는 것입니다. 어떤 선택을 하느냐에 따라 당연히 그에 따른 결과와 책임은 달라집니다. 그러므로 자유로운 선택은 '지혜롭게' 해야 합니다.

예컨대 저녁으로 밥과 빵 중에 선택해야 하는 경우, 이왕이면 입맛에 더 맞는 편을 선택하는 것이 좋을 테지요. 소화가 더 잘 되는 쪽을 선택하는 것이 나을 수도 있습니다. 망치와 벽돌이 있다면 못은 망치로 박는 편이 낫습니다. 벽돌로 못을 박지 못할 건 아니지만 보통은 매우 불편할 뿐 아니라 위험할 수 있습니다.

내가 더 좋아하는 것, 내 성향에 더 맞는 것, 용도에 더 적합한 것을 선택하는 것이 삶의 지혜입니다. 식사나 못 박는 일은 비교적 간단하게 선택할 수 있으나, 진로나 결혼 같은 인생의 문제들은 선택하기가 훨씬 더 어렵겠지요. 어렵고 복잡한 상황을 풀어 가려면 더욱 풍성한 지혜가 필요합니다. 이런 지혜는 하루아침에 체득되지 않습니다. 긴 시간 동안 배우고 연마해야 합니다.

지혜로운 선택을 하려면, 더 넓고 깊은 지혜를 가꿔 가려면 어떻게 해야 할까요? 몇 가지 중요한 원리를 살펴보겠습니다.

*첫째, 성경이 가르치는 신앙과 삶의 원리를 깊이 이해해야 한다*

하나님의 말씀은 선과 악을 구별하는 일뿐 아니라 우리가 어떻게 지혜롭게 살 수 있는지에 대해서도 분명하게 가르칩니다. 잠언 같은 책은 아예 일상의 교훈으로 가득 차 있습니다. 성경의 원리를 풍성하게 깨우칠수록 현명하고 지혜로운 일상의 선택이 가능해집니다.

잠언에는 보증을 서지 말라는 교훈이 있습니다. 감당하지 못할 보증은 큰 화를 불러일으킨다는 가르침입니다.

> [26] 너는 사람과 더불어 손을 잡지 말며 남의 빚에 보증을 서지 말라 [27] 만일 갚을 것이 네게 없으면 네 누운 침상도 빼앗길 것이라 네가 어찌 그리하겠느냐(잠 22:26-27).

감당할 수 없는 보증을 서는 것이 죄는 아니지만 지혜로운 선택도 아닙니다. 감당할 수 없는 보증으로 가정이 파괴될 수 있습니다. 사랑에도 지혜와 균형이 필요합니다. 사랑해서 한 일이 오히려 더 큰 불화를 불러오면 어떡합니까? 이러한 성경의 원리에 따르면, 감당할 수 없는 보증을 거절하는 것은 사랑 없는 행동이 아닙니다. 오히려 감당할 수 있는 한도 내에서 돕는 것이 더 큰 불화의 씨를 만들지 않는 지혜로운 사랑이 될 것입니다. 물론 지혜는 공식이 아닙니다. 상황에 따라 유연함을 가질 수 있습니다. 원리를 깊이 아는 사람이 적용도 잘 합니다.

고린도전서 10장 25절 이하에는 당대 그리스도인들의 고민이 나옵니다. 시장에서 파는 고기를 사 먹을 수 있느냐에 대한 고민입니다. 그 고기들은 대부분 이방 신상에 제물로 올랐던 것이기 때문입니다. 과연 그리스도인이 이방 신에게 바쳐졌던 고기를 먹는 것은 죄가 되지 않을까요? 대답은 "예"입니다. 이방 신에게 바쳐졌던 고기를 먹는 것은 죄가 되지 않습니다. 우상은 아무것도 아니요, 모든 음식의 주인은 하나님이시니까요(고전 10:26).

그런데 우상에게 바쳐졌던 고기를 먹는 것이 죄가 될 때가 있습니다. 같은 행동인데 어떤 경우엔 죄가 됩니다. 내가 그 고기를 먹은 것으로 인해 다른 연약한 형제가 실족할 때입니다. 당시는 다신교 사회였고, 여러 신들을 한꺼번에 믿는 것이

지극히 자연스러웠습니다. 그러니 예수님을 믿는 사람이 우상에 바쳐졌던 고기를 먹는 모습은 우상과 예수를 동시에 섬긴다는 오해를 살 수 있습니다(고전 8:7-11). 이렇게 형제의 믿음을 타락시킨 경우, 형제를 믿음에서 실족케 하므로 죄가 된다고 성경은 말합니다(고전 8:12).

그렇다면 아예 고기를 먹지 않으면 어떨까요? 그게 그리 단순한 일이 아닙니다. 예컨대 불신자 중에 누가 호의를 가지고 그리스도인을 초대하여 식사를 대접한다고 합시다. 그런 자리에서 음식을 가려 먹으면 예의에 어긋날 수 있습니다. 이런 경우에 어떻게 해야 할까요? 성경은 말합니다. "묻지 말고 먹으라"(고전 10:27). 이 고기가 우상에게 바쳐졌던 고기인지 아닌지 묻지 말고 그냥 먹으라는 것입니다. 기막힌 교훈은 그 다음입니다.

> 누가 너희에게 이것이 제물이라 말하거든 알게 한 자와 그 양심을 위하여 먹지 말라(고전 10:28).

고기의 출처를 알 수 없을 때는 우상의 고기라도 그냥 먹되, 출처가 밝혀지면 다른 연약한 형제를 위해 먹지 말라는 것입니다. 우상에게 바쳐졌던 고기를 먹는 것은 죄가 아니고,

오히려 우상이 아무것도 아님을 아는 성숙한 신앙인이 누릴 수 있는 자유입니다. 그러나 그 자유가 다른 연약한 형제의 신앙을 타락시킬 때는 죄가 됩니다. 나의 자유라 할지라도 적절하게 절제해야 합니다.

성경은 이런 상황을 다음과 같이 정의합니다.

> [23] 모든 것이 가하나 모든 것이 유익한 것은 아니요 모든 것이 가하나 모든 것이 덕을 세우는 것은 아니니 [24] 누구든지 자기의 유익을 구하지 말고 남의 유익을 구하라(고전 10:23-24).

성경의 원리를 바로 알 때, 우리는 불필요한 규례에 매이지 않을 수 있습니다. 또한 자신의 신앙에 문제가 없다 하여 다른 이들에게 해를 끼치는 어리석음을 피할 수 있습니다. 이것이 우리가 지혜로운 판단을 위해 성경을 잘 알아야 하는 이유입니다.

### 둘째, 하나님의 성품을 알고 닮아야 한다

지혜로운 선택은 성품의 변화를 요구합니다. 우리는 수많은 선택을 하며 살아갑니다. 매순간의 선택에 가장 영향을 미치는 것이 무엇일까요? 논리적 이성? 직감? 기도? 다 영향을 미치지만 영향력이 가장 큰 것은 성품입니다.

가만히 생각해 보면, 우리가 고민하고 있는 중요한 선택은 이미 이전에 다양한 일상에서 내린 선택들의 결과임을 알 수 있습니다.

대학 입시를 앞둔 한 청소년이 자연과학을 전공할 것인가, 공학을 전공할 것인가를 놓고 고민합니다. 이 친구는 일생에서 가장 중대한 선택의 시점에 섰습니다. 그런데 이 선택은 이미 이전에 그가 했던 수많은 선택의 결과입니다. 어느 시점에서 공부하기로 결심했는지, 누구에게 배우기로 정했는지, 1학년 중간고사에서 무슨 계기가 있었는지, 내가 선택해서 사귄 친구가 어떤 말을 했는지 등 크고 작은 선택들이 모여 그가 지금 이 선택의 기로에 선 것입니다. 이전에 다른 선택을 했다면 지금 고민하는 진로는 전혀 다른 방향이 되었을지도 모릅니다. 자연과학이냐 공학이냐가 아니라, 철학이냐 신학이냐로 말이지요.

그러고 보면 매 순간의 선택이 참 중요합니다. 일상의 선택들은 고민을 많이 할 겨를도 없이 수시로 다가옵니다. 모든 선택을 충분히 숙고하거나 기도하며 하기가 힘듭니다. 이런 경우 우리는 대체로 성품에 따라 선택을 하게 됩니다. 성격이 조급하고 경솔한 사람은 무슨 선택을 해도 조급하고 경솔하게 할 가능성이 높습니다. 매정한 사람은 매정한 선택을 하고, 다혈질인 사람은 충동적인 선택을 할 가능성이 높습니다. 그러므로 좋은 선택, 지혜로운 선택을 하려면 그에 걸맞는 성품과 인격을 갖춰 가야 합니다. 온유한 사람이 온유한 선택을 합니다. 정직한 사람이 정직한 선택을 합니다.

우리가 추구해야 할 가장 온전한 성품은 누구의 성품일까요? 바로 하나님의 성품입니다. 하나님의 성품을 닮을수록 우리는 하나님의 마음과 같은 선택을 하게 될 것입니다. 성품의 변화는 하루아침에 이뤄지지 않습니다. 우리는 성경을 통해 하나님의 성품을 배우기 위해 힘써야 합니다. 배운 바를 삶의 모습으로, 속사람의 변화로 가져오기 위해 기도하고 꾸준히 실천해야 합니다.

### 셋째, 나 자신과 타인, 즉 사람에 대해 잘 알아야 한다

지혜로운 선택을 하려면 나 자신에 대해 잘 알아야 합니다. 내 성향이 어떠한지, 무엇을 좋아하고 무엇을 싫어하는지 알아야 합니다. 하나님께서 주신 재능이 무엇인지 파악해야 합니다. 혼자 있길 좋아하는 성격인데 서비스직을 선택하면 괴로운 일이 될 테지요. 글쓰는 재능이 전혀 없는데 작가가 된다면 어리석은 일이 될 것입니다. 좋은 배우자를 선택하려면 좋은 사람을 분별하는 안목부터 길러야겠지요. 동료들과 좋은 관계를 맺으려면 타인의 생각이나 기분, 성향, 재능을 잘 파악하는 안목이 필요합니다.

사람에 대한 이해의 가장 기본은 성경에서 출발합니다. 성경은 왜 인간을 하나님의 형상이라고 말하는지, 반면에 왜 인간은 죽을 수밖에 없는 죄인인지를 알아야 합니다. 인간의 본성을 알아야 나를 알고, 타인을 알고, 세상을 이해할 수 있습니다. 내게 혹은 타인에게 무엇이 필요한지, 세상에서 내가 어떤 역할을 할 수 있는지 알 수 있습니다.

나 자신과 타인을 아는 것은 성경만으론 완성되지 않습니다. 나를 알려면 여러 상황을 겪으며 끊임없이 자기를 성찰해야 합니다. 타인을 알려면 오랜 기간 타인과 좋은 관계를 유지하기 위해 힘쓰며 시행착오도 겪어야 합니다. 다른 사람들이 사람에 관해 쓴 책들을 읽는 것도 도움이 됩니다. 나를 알고, 타인을 알 때 우리는 시의적절하게 지혜로운 선택을 할 수 있습니다.

**넷째, 세상이 돌아가는 원리와 흐름을 잘 알아야 한다**
사업가가 지혜로운 선택을 하기 위해 가장 필요한 능력이 무엇일까요? 시장을 잘 분석하는 능력, 문화의 흐름을 읽고 파악하는 능력 같은 것이겠지요. 세상을 통찰하는 능력이 있어야 사업적 선택의 기로에서 옳은 선택을 할 수 있을 것입니다.

어떤 사람이 직장에 계속 다녀야 할지 말지 고민하고 있습니다. 그는 자신의 내면이나 경제 상태 외에도 여러 상황들을 고려해야 할 것입니다. 직장을 당장 그만두는 것과 좀 더 다니는 것이 앞으로의 구직과 경력에, 인간관계에, 진로에, 가정에 어떤 영향을 미치는지 말입니다.

직업을 선택할 때는 자신의 성향과 재능을 아는 것도 중요하지만, 세상이 어떻게 돌아가는지도 알아야 합니다.

예전엔 극장 간판을 다 손으로 그려서 걸었습니다. 그러나 컴퓨터 그래픽 디자인과 인쇄술이 발달하면서 손으로 그리는 간판은 점차 사라졌습니다. 손그림 간판이 인쇄 간판으로 교체되기 시작하는 시점에 한 청년이 이런 선택을 합니다. '나는 영화를 좋아하고 그림에 소질이 있으니 영화 간판 그리는 직업을 택해야겠다.'

청년은 수년간 간판 그리는 일을 배웁니다. 그런데 청년이 기술을 익히고 활용할 무렵, 이미 손그림 간판은 찾아보기 힘들게 되었습니다. 청년은 자신이 좋아하는 일이 뭔지 알고 소질도 있었지만, 세상이 어디로 흘러가는진 몰랐습니다.

## 인도하심을 위한 기도

인생의 기로에서 우리에게 자유로운 선택의 기회를 주신 하나님은 이제 가만히 우리를 지켜보기만 하시는 걸까요? 모든 선택과 책임은 우리의 몫인 걸까요?

그렇지 않습니다. 부모가 자녀에게 진로를 선택할 자유를 줬다고 해서 조언이나 지원을 하지 않겠다는 뜻이 아닙니다. 자녀 혼자 다 책임지도록 방치하겠다는 뜻도 아닙니다. 부모는 언제나 자녀와 함께합니다. 자녀가 원한다면 언제든 조언을 해줍니다. 지원을 아끼지 않습니다. 하나님 아버지도 그렇습니다. 우리가 자유로운 선택을 하기 위해선 반드시 하나님의 도우심과 인도하심이 필요합니다. 하나님은 우리를 돕고 인도하실 준비가 되어 있고, 우리는 이를 위해 간절히 기도해야 합니다. 왜일까요?

첫째, 우리는 영적으로 성장하는 과정에 있고, 지혜가 늘 부족하기 때문입니다. 우리는 하나님께 지혜를 구해야 합니다. 우리가 기도할 때, 하나님께서 깨닫게 하여 못 보던 것을 보게 하시고 몰랐던 것을 알게 하실 수 있습니다.

둘째, 우리가 구할 때 설혹 지혜로운 길을 깨달아 판단하지 못하더라도 하나님께서 우리를 강권하여 지혜로운 길로 인도하실 수 있기 때문입니다. 내 판단의 책임을 하나님께 떠넘겨선 안 됩니다. 우리는 우리의 책임을 다해야 합니다. 그러나 노력해도 부족할 때, 하나님께서 내가 알지 못하는 지혜로운 길로 나를 강권하여 이끄실 수 있습니다. 이를 위해 우리는 기도해야 합니다.

출애굽기 13장에는 애굽에 내린 열 가지 재앙을 통해 이스라엘 백성이 마침내 바로의 손아귀에서 벗어나는 장면이 나옵니다. 여기에 참 재미있기도 하고 감격스럽기도 한 기록이 있습니다.

> 바로가 백성을 보낸 후에 블레셋 사람의 땅의 길은 가까울지라도 하나님이 그들을 그 길로 인도하지 아니하셨으니 이는 하나님이 말씀하시기를 이 백성이 전쟁을 하게 되면 마음을 돌이켜 애굽으로 돌아갈까 하셨음이라(출 13:17).

이스라엘 백성이 애굽을 빠져나와 약속의 땅 가나안으로 가는 여정이 시작됩니다. 그런데 하나님은 그들을 가까운 블레셋 사람들의 땅으로 가로질러 가게 하지 않으시고, 홍해 쪽으로 돌아가도록 인도하십니다. 그 이유를 성경은 이렇게 설명합니다. "이 백성이 전쟁을 하게 되면 마음을 돌이켜 애굽으로 돌아갈까 하셨음이라."

어느 길로 가느냐는 자유로운 선택의 문제입니다. 가로질러 가든 돌아가든 죄를 짓는 일이 아닙니다. 어느 길로 가든 하나님은 벌하지 않으실 것입니다. 구원하실 것입니다. 실제로 애굽 군대가 추격해 올 때 하나님은 홍해를 가르지 않으셨습니까?

그러나 보다 더 지혜로운 선택을 고르자면 당연히 돌아가는 길입니다. 왜냐하면 가로지르는 길엔 블레셋이라는 강한 이방 나라가 있습니다. 그들이 공격해 오면 이스라엘 백성은 기겁하며 애굽으로 돌아가려 했을지도 모릅니다. 애굽으로 돌아가는 것은 하나님의 뜻을 거스르는 죄입니다. 블레셋 군대야 하나님께서 처리하셨겠지만, 이는 불필요한 죄의 유혹과 혼란을 가져오는 일입니다. 조금 돌아가더라도 블레셋 지역을 피하는 것이 지금 이스라엘의 영적 상태로 볼 때 가장 지혜로운 방법입니다.

본문은 돌아서 가는 것이 '하나님의 뜻'이라고 말하진 않습니다. 돌아서 가지 않으면 벌을 받는다고도 하지 않습니다. 다만 하나님께서 그 길로 인도하지 않으셨다고 말합니다. 하나님께서 모든 정황과 이스라엘의 영적 상태를 고려하여 모세와 이스라엘을 지혜로운 길로 인도하신 것입니다.

셋째, 어느 길을 선택하더라도 그 길을 걸으려면 하나님의 도우심과 인도하심이 필요하기 때문입니다. 가장 적절하고 지혜로운 길을 선택했다고 해서 그 길을 혼자 힘으로 갈 수는 없습니다. 어느 길로 가든 시험과 고난이 있습니다. 다만 모양과 정도의 차이가 있을 뿐입니다. 순적한 길에선 죄의 유혹이 강할 것이고, 고난의 길에선 낙심과 원망의 시험이 강할 것입니다. 이 모든 유혹과 시험을 능히 이기기 위해선 바로 그 길에서 앞서 가시는 하나님의 도우심과 인도하심이 필요합니다. 자유로운 선택은 기도의 자리를 약하게 하지 않습니다. 오히려 더욱 기도하게 만듭니다.

### 신앙 체험이 자유로운 선택에 도움이 될 때가 있다

우리에게 주어진 자유로운 선택의 특권에 관해 설교했을 때, 한 청년이 저를 찾아와 혼란한 마음을 토로한 적이 있습니다. 이 청년은 청소년 시기에 수련회에 참석하여 기도하던 중에 하나님께서 자신을 문화 사역으로 부르신다는 확신을 가졌습니다. 이후로 그는 그 길만이 하나님의 뜻이라 생각하고 숱한 어려움을 견뎌 왔습니다. 그렇지 않다면 진즉에 다른 길을 걸었을지도 모릅니다.

그런데 기도 중에 드는 내적 확신일지라도 하나님의 뜻으로 볼 수 없다는 설교를 듣고는 혼란에 빠졌습니다. '나는 그동안 하나님의 뜻이 아닌 그저 나의 선택에 불과한 길을 걷기 위해 그 많은 희생을 치른 걸까?' 무엇보다 청년이 청소년 시절에 기도하면서 체험한 극적인 감동은 도대체 무엇이었을까요? 아무 의미 없는 지극히 주관적인 감정이었을까요? 청년은 꼭 붙들어 왔던 가장 소중한 것을 잃어버린 느낌이라고 했습니다.

그러나 청년이 잠시 오해하듯, 자유로운 선택이라는 하나님의 뜻이 우리의 신앙 체험을 무용지물로 만들지 않습니다. 왜 그런지 하나하나 정리해 보겠습니다.

청소년기에 진로를 정하는 것은 참으로 중요한 일입니다. 우리는 심혈을 기울여 지혜롭게 선택해야 합니다. 그러나 청소년기는 이런 선택을 지혜롭게 하기엔 지식과 경험이 턱없이 부족합니다. 이런 청소년이 은혜를 받고 하나님 앞에 나아가 간절히 기도하면 하나님은 어떤 일을 하실까요? 가장 적절하고 지혜로운 길로 그 아이를 인도하실 것입니다. 인도하시는 방법이 기도 중에 주시는 확신일 수 있습니다. 물론 그 확신은 하나님이 주신 것이 아닐 수도 있습니다. 아니라고 해서 문제 될 것은 없습니다. 어느 진로를 선택하든 죄가 아니며, 하나님의 뜻을 거스르는 일도 아니기 때문입니다.

하나님의 뜻을 분별하려면 우리에게 100퍼센트가 필요합니다. 하나님의 뜻은 반드시 순종해야 하는 길이기 때문입니다. 100퍼센트 객관적인 하나님의 말씀 외엔 그분의 뜻을 분별할 수 있는 방법이 없습니다. 그러나 하나님의 인도하심을 따르는 것은 가능성이 높다는 것으로도 충분합니다.

이런 경우와 같습니다. 저는 포병으로 군복무를 했습니다. 포병은 사격 방향을 맞출 때 360도 단위를 쓰지 않습니다. '밀'(mil)이라는 단위를 쓰는데 360도는 6,400밀입니다. 이처럼 정밀한 단위를 쓰는 것은 포탄이 날아가는 거리가 매우 길기 때문입니다. 포탄은 포에 따라 10킬로미터에서 40킬로미터까지 날아갈 수 있습니다.

각도기를 보면 1도 차이가 시작되는 지점은 두 선의 간격이 매우 가깝지만, 선이 길어질수록 그 간격이 점점 벌어집니다. 이와 같은 원리로 포구 방향이 1밀만 오차가 나도 포탄이 1킬로미터를 날아갔을 때 표적에서 1미터가 빗나갑니다. 10킬로미터를 날아가면 10미터가 빗나갑니다. 밀 단위를 사용하지 않고 360도를 사용하면 어떻게 될까요? 1도의 오차가 나면 10킬로미터 지점에선 약 180미터가 빗나갑니다. 1-2도 오차에 적군이 아닌 아군을 포격할 수도 있습니다. 그래서 포병은 360도를 잘게 쪼개어 6,400밀의 정밀한 단위를 사용합니다. 전투의 성패와 아군의 목숨이 달려 있기 때문입니다.

그러나 우리가 여행하며 맛집을 찾아가는 데 필요한 방향의 단위는 360도가 아니고 6,400밀은 더더욱 아닙니다. 일단 동서남북 방향만 맞으면 됩니다. 그마저 틀려도 크게 상관없습니다. 헤매느라 시간이 걸리겠지만 결국 찾을 수 있을 것입니다. 설혹 못 찾는다 해도 큰 상관이 없습니다. 맛있어 보이는 다른 음식점에 들어가면 그만입니다. 중요한 것은 음식을 맛있게 먹고 배를 채우는 것이니까요.

마찬가지입니다. 하나님의 뜻을 찾는 일은 엄밀해야 합니다. 하나님의 뜻에 반드시 순종해야 하기 때문입니다. 그러므로 명시된 성경을 근거로 삼아야 합니다. 그러나 자유롭게 지혜로운 길을 선택할 때는, 100퍼센트 확실하지 않은 주관적 체험도 도움이 됩니다.

A와 B라는 두 길 앞에서 고민하고 있다고 생각해 봅시다. 아무리 따져 봐도 두 길의 장단점이 비등비등합니다. 그럴 때 어느 길에 더 점수를 줄 수 있을까요? 내 마음이 끌리는 길입니다. 조건이 같다면 당연히 내가 더 좋아하고 마음이 가는 길을 선택해야 합니다. 머리로는 동점이어도 감정상 어느 한

쪽에 추가 점수를 주게 마련입니다.

추가 점수엔 기도 중에 드는 확신이나 연속되는 다른 사람의 권유, 갑자기 길이 열리는 것과 같은 체험도 포함됩니다. 머리로 아무리 판단해도 양쪽의 점수가 똑같을 때가 있습니다. 내 감정이 무엇을 더 원하는지 살펴보아도 그것조차 점수가 같습니다. 그런데 하나님의 인도하심을 구하는 기도를 하다가 한 길에 대한 확신이 듭니다. 그러면 그 길에 추가 점수를 주면 됩니다. 점수가 높은 길로 가는 것이 당연히 지혜로운 선택입니다.

앞의 청년이 가졌던 확신은 이런 면에서 의미가 있습니다. 아직 지혜가 부족하여 머리와 감정으론 어떤 진로를 선택할지 도무지 모를 때, 기도 중에 든 확신이 있다면 그 길을 선택하는 것이 당시로선 가장 지혜로운 방법입니다. 더욱이 돌이켜 보건대, 몇 가지 점에서 그때의 감정은 하나님의 인도하심이었을 가능성이 매우 높습니다.

첫째, 청년은 음악에 재능이 있었습니다. 더 탁월한 재능이 아쉬울 수는 있지만 재능에는 탁월한 재능만 있지 않습니다. 둘째, 청년은 음악을 하고 찬양 사역을 즐거워했습니다. 소질이 있고 좋아하는 일을 하는 것은 지혜로운 선택에 속합니다. 지혜로운 선택의 방향과 기도 중의 확신이 일치했으니 그것이 기도의 응답일 가능성이 매우 높습니다.

백 번 양보해서 그때의 선택이 하나님의 인도하심이 아니었다 해도, 이후로 청년이 찬양 사역자로 걸어 온 길은 확실히 하나님이 인도하시는 삶이었습니다. 하나님은 자기 백성이 지혜로운 선택을 하든 어리석은 선택을 하든 그 길에서 함께하며 인도하시기 때문입니다. 청년이 처음에 받은 감동과 이후의 삶을 '하나님의 뜻'이라고 말할 수는 없어도 "하나님께서 인도하셨어"라고 말할 수 있는 이유가 여기에 있습니다.

더 중요하게는, 이유가 무엇이든 청년이 찬양 사역의 길에서 참고 순종하며 견뎌 왔던 시간을 하나님께서 기뻐하십니다. 성과의 여부는 하나님께 그다지 중요하지 않습니다. 하나님께 중요한 것은 그 사람의 중심입니다.

지혜가 부족해서 어리석은 선택을 했을 수도 있습니다. 그러나 그것이 죄의 길이 아닌 한 그 길에서 품었던 마음의 중심은 부정할 수 없습니다. 이는 부모의 생일날을 잘못 알고 정성껏 선물을 준비한 아이와 같습니다. 비록 생일 선물은 아니지만 부모는 선물을 준비한 아이의 마음을 너무나 기쁘게 받을 것입니다. 오해였다 해도 청년이 하나님의 뜻이라고 여긴 길에서 하나님을 위해 견뎌 온 그 중심은 정확히 하나님이 받으실 만한 순종입니다. 그때의 확신이 순종의 삶을 가꾸는 원동력이 되었으니, 그 시절의 마음을 충분히 의미 있고 귀한 하나님의 선물로 생각해도 됩니다. 죄가 아닌 것은 감사함으로 받을 때 버릴 것이 없습니다(딤전 4:4).

### 조언자의 역할

여기까지 오면 왜 우리가 같은 문제에 대해 전혀 다른 조언들을 들어 왔는지 알게 됩니다. 우리가 조언을 구했던 이들은 분명 다 하나님을 사랑하는 사람들이었을 것입니다. 기도하는 분들이었을 것입니다. 신앙의 본이 되고 영적 통찰력이 있기에 조언을 구했을 테지요.

그런데 왜 그들의 조언이 다 달랐을까요? 같은 성령 안에서 신실한 종들이 하는 말은 같아야 하지 않을까요? 누군가 한 사람이 맞다면, 다른 누군가는 하나님의 뜻을 잘못 알고 있는 것일 테니 말입니다. 하나님의 뜻을 잘못 알고 있었다면 그들은 우리가 생각했던 것만큼 신실한 종이 아닌 걸까요?

아닙니다. 누구도 틀리지 않았습니다. 실은 모두가 잘 모르는 사이에 하나님의 뜻 안에서 자유롭게 지혜를 따라 판단하고 있었습니다. 조언들을 가만히 떠올려 보십시오. 그들의 성향과 살아 온 인생이 보이지 않나요?

저도 제 진로를 놓고 신앙의 선배들과 많은 이야기를 나누고 조언을 구했습니다. 돌아보면 참 재미있습니다. 모두들 기가 막히게 자기 성향과 삶의 경험대로 조언하고 있습니다.

"사역을 계속 해야 할까요, 떠나야 할까요?"라고 묻습니다.

기질상 도전을 좋아하고, 지금까지 사역을 많이 옮기면서 해온 분은 십중팔구 과감하게 떠나라고 충고합니다. 반면에 한 사역지에서 오래 견디며 사역을 가꿔 온 분은 더 인내하며 기다리라고 합니다.

"공부를 계속할까요, 아니면 배우의 길에 도전해 볼까요?"라고 묻습니다.

예술적 감각이 있고 생각이 자유로운 분은 마음이 가는 대로, 자신이 진정 원하는 길을 걸으라고 충고합니다. 반면에 자유로운 삶보단 신중한 삶에 더 무게를 두는 분은 지금 하는 일을 계속하면서, 배우로서 가능성이 있는지를 확인한 후 신중하게 움직이라고 충고할 것입니다.

조언을 참고할 때는 이런 부분을 고려해야 합니다. 경험이 많고 성경 지식이 풍성하니까, 기도를 많이 하니까 그가 하는 말이 다 맞을 것이라고 생각해선 안 됩니다. 사람과 상황을 판단하는 눈은 그 자신의 성향에 깊이 영향을 받습니다.

내가 알지 못한 성경의 원리를 깨닫게 해주는 조언이라면 그대로 잘 받으면 됩니다. 그러나 사람과 상황에 대한 판단의 영역은 조언자의 성향을 고려해서 참고해야 합니다. 최종 판단은 스스로의 몫입니다. 스스로의 몫이어야 합니다. 그래야 나 자신이 성숙할 수 있습니다. 신자의 성숙은 분명한 하나님의 뜻입니다.

### 자유로운 선택은 우리를 성숙케 한다

지혜로운 선택을 위해선 다양한 방면에서 자신을 연마해 가야 합니다. 성경의 원리와 인간에 대한 총체적인 이해, 세상과 상황을 이해하는 복합적인 사고가 요구됩니다.

 지혜와 인도하심을 구하기 위해 기도에 힘써야 합니다. 좋은 조언자들을 곁에 두고 나누기 위해선 인간관계도 잘 가꾸어야 합니다. 자유로운 선택은 선택의 전후 책임을 하나님께 떠넘기지 않습니다. 스스로 감당할 부분을 책임지고, 하나님께 의지하는 가운데 견디며 나아가야 합니다.

 여기서 하나님께서 왜 우리에게 갈 길을 딱 정해 주지 않고 자유롭게 선택하게 하시는지 알게 됩니다. 배우고 고민하고 기도하는 인고의 과정을 거치며 우리가 성숙해지기 때문입니다. 하나님은 우리가 성숙해 가길 원하십니다. 이것은 분명한 하나님의 뜻입니다.

> 형제들아 지혜에는 아이가 되지 말고 악에는 어린아이가 되라 지혜에는 장성한 사람이 되라(고전 14:20).

우리는 이 과정이 너무 힘든 나머지 건너뛰고 싶어합니다. 콕 집어 확실한 길을 알려 주시기만 하면 그 길로 가겠다는 것입니다. 물론 길을 알려 주시기만 하면 어떤 어려움이 있어도 순종하겠다고 마음먹는 이들도 있습니다. 그런 분들에겐 이렇게 말씀드리고 싶습니다. 알려 주셔야 순종하겠다고 하지 말고, 이미 알려 주신 일에 순종하면 좋겠다고 말입니다. 오늘 주어진 일에 순종하며, 지식과 지혜를 연마하고, 선택의 시행착오를 두려워하지 말고 하나님을 신뢰하는 것 말입니다. 인내하는 가운데 오늘 동행하시는 하나님을 온전히 믿음으로 미래에 대한 불안을 이겨 나가는 길 말입니다.

적지 않은 경우, 우리는 편안함을 추구하기 때문에 하나님의 뜻을 구합니다. 과정을 다 겪어 내기보단 콕 집어 주시는 상대적으로 평탄한 길, 성공이 보장된 길을 걷고 싶다는 것입니다. 저는 이것을 영적 요행심이라고 부르고 싶습니다.

성숙은 겪어야 할 것을 모두 겪어 낼 때 비로소 맺는 열매와 같습니다. 한 알의 씨앗이 힘겹게 고개를 들어 땅을 뚫고 나오려고 애쓰지 않고, 한여름의 갈증과 몰아치는 태풍을 통과하지 않고 어떻게 그 열매를 맺겠습니까?

우리 삶은 어차피 선택의 연속입니다. 내가 오늘 고민하는 진로 문제를 넘어선다고 해서 끝이 아닙니다. 얼마 지나지 않아 또 다른 선택이 우리 눈앞에 놓입니다.

하나님은 물고기를 주기보다 물고기 잡는 법을 알려 주시는 지혜로운 아버지십니다. 하나님은 선택의 기회를 주시고, 시행착오도 겪게 하시며, 우리가 지식과 지혜를 연마해 가길 원하십니다. 그 가운데 반드시 찾아오는 두려움과 불안을 하나님의 동행하심을 신뢰하며 이겨 나가길 원하십니다. 거친 파도 속에서 한 배에 타고 계신 주님을 보길 원하십니다. 어떤 상황에서도 주님을 신뢰하는 법을 익혀 가길 원하십니다.

### 두려워하지 말고 선택하라

선택을 두려워하지 마십시오. 자유로운 선택 앞에서 꼭 선택해야 하는 한 길은 없습니다. 하나님께서 주신 지혜를 최대한 동원하고 힘을 다해 기도하되 과감하게 선택하십시오. 선택에 대한 지나친 두려움 때문에 주저하는 이들이 기억해야 할 몇 가지가 있습니다.

첫째, 두려움에 휩싸이면 판단이 흐려져 어리석은 선택을 할 수 있습니다. 적절치 않은 두려움 때문에 엉뚱한 선택을 하는 형제자매들을 적지 않게 봅니다. 이들은 하나님의 판단을 두려워한 나머지 고민을 거듭하다가 결정적인 순간에 결국 하기 싫은 일, 어려운 일을 선택하고 맙니다. 부모님께 혼날까 봐 가장 적절한 것보단 가장 안전해 보이는 것을 선택하는 아이처럼 말입니다.

교사냐 선교사냐 하는 선택의 기로에서 왠지 선교사의 길이 안전해 보입니다. 이성적으로 별로 호감이 가지 않는 목회자의 구애에 호감이 가는 다른 형제를 포기하고 결혼한 자매도 있습니다. 결과는 서로에게 괴로운 일이 되고 맙니다. 미술을 하고 싶었는데 부모님과 목회자의 권유를 따라 신학을 공부하면서 후회하는 형제가 있기도 합니다.

내가 좋아하는 일을 선택하면 세속적인 것 같고, 뭔가 어려운 길을 택해야 하나님이 원하시는 희생과 헌신을 한 것 같아서일까요? 그래서 자꾸 멀쩡한 문을 놔두고 힘겹게 담을 넘어야 마음이 편해지는 걸까요? 아무리 고민해도 알 수 없는 하나님의 뜻 때문에 혼날까 봐 자꾸 흘끔흘끔 눈치를 보게 됩니다.

이제 이런 삶을 청산해야 합니다. 하나님은 헤아리기 힘든 뜻이 담긴 선택지를 앞에 놓고 혼내려고 벼르는 부당한 아버지가 아니십니다. 죄가 아닌 한, 하나님 아버지는 당신이 좋아하는 일을 역시 좋아하십니다. 당신을 그런 성향으로 만드신 이가 하나님이고, 당신에게 자유를 주신 이가 하나님이며, 당신을 가장 사랑하는 이가 하나님이기 때문입니다. 자녀의 기쁨이 곧 아버지의 기쁨입니다.

진리는 우리를 자유롭게 합니다. 합당한 자유는 하나님께서 주신 거룩한 선물입니다. 두려움에서 자유로워지십시오. 죄가 아니라면 어떤 길을 선택하든 하나님께서 동행하고 인도하실 것입니다.

둘째, 지나치게 두려워하면 때를 놓칠 수 있습니다. 혼날까 봐 전전긍긍하며 선택하지 못하다가 기회를 놓쳐 버릴 수 있습니다.

어느 유명한 CEO는 중대한 결정의 기로에서 어느 쪽도 선택하기 어려울 때 동전을 던졌다고 합니다. 다만 그는 동전을 던져서 결정한 그 일을 주저함 없이 포기하지 않고 끝까지 해냈고, 이런 방식이 대부분 좋은 결과로 이어졌습니다. 아마 그는 신앙인은 아니었을 것입니다. 그러나 성경은 "게으른 자여 개미에게 가서 그가 하는 것을 보고 지혜를 얻으라"(잠 6:6)고 말합니다. 개미에게 배울 지혜가 있다면, 신앙이 없는 이에게도 분명 배울 지혜가 있습니다. 그의 방식은 기회의 중요성에 대한 교훈을 일깨워 줍니다.

우리는 중요한 선택의 기로에서 충분히 고민하고 연구하고 기도해야 합니다. 문제는 선택의 기회가 우리를 한없이 기다려 주지 않는다는 것입니다. 무한정 고민하며 기도할 수 없습니다. 어느 정도 정해진 시간 안에 선택해야 합니다. 때론 무엇을 선택하느냐보다 빨리 선택하는 것이 훨씬 중요한 일도 있습니다.

생각이 너무 많아 오히려 어리석은 선택을 하게 될 때도 있습니다. 바둑에선 이런 일이 빈번한 까닭에 "장고(長考) 끝에 악수(惡手)를 둔다"는 격언이 있습니다. 고민과 연구, 심지어 기도조차 무조건 많이 할수록 좋은 건 아닙니다. 적어도 때가 있는 선택에선 그렇습니다.

어느 정도 고민하고 기도해도 답이 나오지 않는 비슷한 가치의 일이라면, 선택 자체보다 선택 후의 자세에 집중해야 합니다. 가장 적절한 길을 선택하고 게으른 사람보다, 덜 적절한 길에서 성실한 사람이 훨씬 좋은 결과를 얻을 수 있습니다. 지혜는 선택의 순간에만 작동하는 것이 아닙니다. 선택 후에 지혜로운 태도로 살아가는 것이 훨씬 중요합니다.

셋째, 선택하지 않으면 보이지 않는 다음 단계가 있습니다. 고민만 해선 결코 알 수 없고, 걸어가 봐야 보이는 길이 있습니다. 경험해 보지 않으면 아무리 고민해도 열리지 않는 안목이라는 것이 있습니다. 대부분의 경우 고민은 멈춰 서서 하는 것이 아니라 걸어가면서 하는 것입니다.

죄가 아닙니까? 하나님을 사랑합니까? 그러면 두려워하지 말고 선택하십시오. 어쩌면 지금 당신에게 가장 필요한 것은 하나님을 신뢰하고 거기서 한 걸음 내딛는 일일 것입니다.

# 4. 지혜로운 선택의 실제

#### 목회와 결혼을 중심으로

**지혜로운 선택의 단계**

지금까지 설명한 지혜로운 선택을 위한 과정을 다시 한 번 간략하게 정리해 보겠습니다.

*1단계 - 기도로 인도하심을 구하라*

우리는 다음 네 가지 측면에서 하나님의 인도하심을 구해야 합니다.

첫째, 지혜를 주사 선악 간에 분별하게 하옵소서.

둘째, 지혜를 주사 제게 적합한 길을 찾게 하옵소서.

셋째, 지혜가 부족하여 적절한 길을 찾지 못할 때 저를 강권하여 이끌어 주옵소서.

넷째, 이 모든 일에 하나님을 신뢰하며, 어떤 선택을 하든 그 길에서 하나님이 여전히 제 하나님 되심을 의지하며 그 길을 걷게 하옵소서.

2단계 - 선악 간에 분별하라

눈앞의 선택이 선악 간의 문제라면, 성경을 통해 분별하여 선을 택하는 것이 분명한 하나님의 뜻입니다.

첫째, 하나님께 지혜를 구하는 가운데 자신의 성경 지식과 지혜를 총동원하여 분별하십시오.

둘째, 지혜롭고 성경에 능한 조언자들의 충고를 들으며 분별하십시오.

3단계 - 지혜를 따라 분별하라

선악 간의 문제가 아님이 확인되었다면 자유로운 선택이 주어진 것이니 두려워할 필요가 없습니다. 이제 더 적합한 길, 지혜로운 길을 찾아가면 됩니다. 여러 질문을 통해 보다 더 적합한 길을 진단해 볼 수 있습니다.

다음과 같이 지혜로운 선택의 기준이 되는 질문을 쭉 적어

봅니다. 보다 더 중요하게 생각하는 질문에 가중치를 두는 것도 좋습니다. 답해 가다 보면 객관적으로 어느 길이 더 자신에게 적합한지 헤아리는 데 도움이 됩니다.

> 질문의 예시
> - 어느 쪽에 재능이 있는가? 무엇을 더 잘하는가?
> - 어느 쪽이 내 성격과 성향에 맞는가?
> - 어느 쪽에 더 끌리는가? 평소 어느 쪽을 더 좋아하는가?
> - 기도 중에 어떤 생각이 들었는가? 감정의 변화나 어떤 확신이 있는가?
> - 어느 상황이 더 유리한가?
> - 주변 사람들은 주로 어느 쪽으로 조언하는가?
> - 어느 쪽이 더 다른 사람에게 유익을 주는 길인가?

### 4단계 – 목적을 기억하라

이것은 처음부터 염두에 두어야 하지만, 특별히 선택에 직면하여 가장 고민이 될 때 다시 한 번 기억해야 하는 원리입니다. 자유로운 선택이 주어진 길에서 선택보다 중요한 것은 선택 과정에서, 그리고 선택 후의 삶에서 예수 그리스도를 더욱 닮아 가는 것입니다.

<u>5단계 – 어느 쪽을 선택해도 인도하실 하나님을 온전히 신뢰하라</u>

선택의 막바지에서 또는 선택 후에 기억할 것은, 이 길이 상대적으로 더 지혜로운 길이든 아니든 하나님이 함께하신다는 사실입니다. 충분히 고민하고 기도했는데도 추가 어느 쪽으로도 기울지 않는다면, 이제 필요한 것은 과감한 선택입니다. 하나님께서 도우시고 인도하실 것입니다. 두려움이 아닌 평안함으로 선택한 길을 한 걸음 한 걸음 걸어갑시다.

### 목사의 길: 지혜로운 판단 아래 세우는 영적 지도자

나의 진로는 하나로 정해져 있지 않습니다. 자신의 적성과 일의 특성을 잘 고려하여 지혜롭게 선택해야 하는 길입니다.

여기서 저는 진로 선택을 위한 예시로 목회자의 길을 언급하려 합니다. 진로 선택의 예시로 목사라는 매우 특수해 보이는 직분을 언급하는 것이 적절치 않다고 여기는 사람도 있을지 모릅니다. 그러나 목사라는 직분을 예로 언급할 때, 오히려 일반 직업의 진로를 고민하는 이들이나 목회, 선교 같은 사역의 길을 모색하는 이들 모두에게 유익한 측면이 있습니다. 사실 일반 직업의 길을 가는 것과 사역의 길을 가는 것은 생각처럼 큰 차이가 나지 않기 때문입니다.

예전만큼은 아니지만 목사는 여전히 특별한 직분으로 여겨집니다. 그래서 '목사만큼은 하나님께서 콕 집어 부르지 않으실까? 어떤 신비로운 확증이나 체험을 주지 않으실까?'라고 생각하기 쉽습니다. 다른 직업은 적성이나 조건, 상황에 영향을 많이 받지만, 목회자의 길은 이 모든 것을 뛰어넘는 초자연적 섭리가 있지 않을까 막연히 기대하기도 합니다. 정말 목사의 길은 그런 길일까요?

실제로 목사는 특별한 직분입니다. 어떤 특권이 있다는 게 아니라, 다른 직업이나 직분과는 구별되는 독특한 위치가 있다는 뜻입니다.

예컨대 우리는 의사나 교사와 같은 직업을 좀 특별하게 생각합니다. 생명을 다루거나 한 사람에게 인격적으로 지대한 영향을 미치는 일이기 때문입니다. 그러나 의사나 교사를 특별한 직업으로 생각한다고 해서 그 일을 선택받은 특별한 사람만 할 수 있다고 생각지 않습니다. 국가에서 요구하는 적정한 자격을 객관적으로 갖췄다면 누구나 의사나 교사가 될 수 있습니다.

목사도 마찬가지입니다. 목사 자체가 하나님의 특별한 선택을 받는 특별한 사람이 아닙니다. 사람이 특별한 게 아니라 목사라는 직분이 특별하기 때문에 특별한 자격이 요구됩니다. 그 요건이 신앙 체험 같은 개인의 경험일 리 만무합니다. 인간의 신체를 다루는 의사나 인격을 다루는 교사에게 객관적으로 확인할 수 있는 엄밀한 자격 요건이 정해져 있듯, 성경엔 교회 지도자를 세우는 방식과 교회 지도자가 갖춰야 하는 자질이 명시되어 있습니다.

우리는 앞서 구약의 왕이나 제사장, 선지자, 신약의 사도를 세우는 방식이 오늘날 우리에게 적용될 수 없음을 살펴보았습니다. 초대 교회에서 사도를 제외하고 처음으로 지도자를 세우는 장면이 사도행전 6장에 등장합니다. 오늘날 교회 지도자의 원형이 여기에 있습니다. 사도들은 일곱 명을 안수하여 집사로 세웁니다. 명칭은 집사지만, 이들은 사실상 오늘날의 목회자와 같은 역할을 수행합니다. 다음은 최초로 교회 지도자들을 피택한 기준입니다.

> 형제들아 너희 가운데서 성령과 지혜가 충만하여 칭찬받는 사람 일곱을 택하라 우리가 이 일을 그들에게 맡기고(행 6:3).

첫째, "성령과 지혜가 충만하여." 단순히 영성이 있는 사람이 아니라 '지혜', 즉 분별력이 뛰어난 사람이어야 합니다. 지도자의 중요한 덕목은 성도를 잘 이끌 수 있는 분별력입니다.

둘째, "칭찬받는 사람." 사람들의 칭찬을 받아야 합니다. 기도를 많이 하고 성경을 많이 알면서도 평판이 좋지 못한 사람이 있습니다. 지도자는 공동체의 구성원들과 교회 밖 사람들 모두에게 존경받는 사람이어야 합니다.

셋째, "택하라." 성도들에 의해 선택된 사람입니다. 목회자를 가리켜 '하나님이 부르신 사람'이라고 흔히 표현합니다. 정확히 말하면, 하나님께서 세우신 '교회 공동체'가 불러 세우는 사람입니다.

디모데전서에선 사도들의 이런 기준을 보다 상세하게 기록하고 있습니다.

> [1] 미쁘다 이 말이여, 곧 사람이 감독의 직분을 얻으려 함은 선한 일을 사모하는 것이라 함이로다 [2] 그러므로 감독은 책망할 것이 없으며 한 아내의 남편이 되며 절제하며 신중하며 단정하며 나그네를 대접하며 가르치기를 잘하며 [3] 술을 즐기지 아니하며 구타하지 아니하며 오직 관용하며 다투지 아니하며 돈을 사랑하지 아니하며 [4] 자기 집을 잘 다스려 자녀들로 모든 공손함으로 복종하게 하는 자라야 할지며 [5] (사람이 자기 집을 다스릴 줄 알지 못하면 어찌 하나님의 교회를 돌보리요) [6] 새로 입교한

자도 말지니 교만하여져서 마귀를 정죄하는 그 정죄에 빠질까 함이요 7 또한 외인에게서도 선한 증거를 얻은 자라야 할지니 비방과 마귀의 올무에 빠질까 염려하라(딤전 3:1-7).

목회자가 되려면 특별한 하나님의 음성을 들어야 한다든가, 큰 병에 걸렸다가 낫는 것 같은 신비한 체험을 해야 한다는 조건은 전혀 없습니다. 목회자는 진위를 알 수 없는 신비로운 체험에 따라 세우는 직분이 아닙니다. 성경에 명시된 뚜렷한 기준에 부합하는 사람을 교회 공동체의 검증을 거쳐 목회자로 세워야 합니다. 이것은 지혜로운 분별의 영역입니다.

### 닫힌 길이나 열린 길이 아니라 합당한 길

신학대학원에 입학하고 나서 참 많이 들은 말이 있습니다.

"저는 목회자가 되고 싶지 않아서 피해 다녔어요. 이런저런 일을 했지만 하나님이 막으셔서 일이 잘 되지 않았지요. 한참을 반항하다가 결국 순종하고 목회의 길을 가기로 결심했습니다."

표현은 조금씩 달라도 뜻인즉, 자신이 하나님이 원하시는 진로를 선택하지 않는 바람에 징계를 받아 수차례 실패를 겪고 나서야 마음을 바꿨다는 이야기입니다.

흔히 들을 수 있는 이야기지만, 제가 신학대학원에 입학할 무렵에 특히 많이 들은 이유가 있습니다. 당시는 IMF 직후여서 많은 사람들이 실직하거나 사업에 실패했습니다. 취업 희망자들은 이전에 없는 구직난을 겪었습니다. 말하자면 세상에서 실패할 일이 많은 때였습니다. 얘기를 듣다 보면 IMF는 목회자로 부르심을 받았으나 그 길로 가지 않은 사람이 너무 많아 일어난 사건처럼 보이기까지 합니다. 허나 그럴 리 있나요?

얼마나 많은 사람들이 주관적인 체험을 하나님의 부르심으로 착각하는지 알 수 있는 대목입니다. 물론 하나님께서 한 사람을 목회의 길로 인도하기 위해 그에게 실패를 안겨 주실 수 있습니다. 그러나 모든 일에 실패하고 남은 길이 목회였다고 해서 그것이 부르심을 뜻하진 않습니다.

실패의 원인은 다양합니다. 불성실하기 때문일 수 있고, 적성에 맞지 않기 때문일 수도 있습니다. 그 일을 하면서 매순간 지혜롭게 판단하지 못했기 때문일 수 있고, IMF처럼 개인이 감당할 수 없는 상황이 찾아왔기 때문일 수도 있습니다. 그러므로 목회자가 되어야 하는 주요 이유가 나의 '실패'가 될 수는 없습니다. 성경에서 규정하는 목회자의 자질에 자신이 부합하는지를 물어야 합니다.

하나님은 목사를 세우실 때, 세상 사람이 경험하지 못하는 신비롭고 특별한 방법으로 부르지 않으십니다. 오히려 특별한 직분에 걸맞는 자격 요건을 명시적으로 요구하십니다. 따라서 좋은 목회자를 세우려면, 성경에 명시된 요건에 부합하는 사람을 분별할 수 있는 개인과 공동체의 지혜가 필요합니다.

다른 직업을 선택할 때도 마찬가지입니다. 직업 선택의 핵심은 내가 그 직무를 수행할 자격이 있느냐입니다. 의사는 의사로서, 경찰관은 경찰관으로서 갖춰야 할 자격 요건을 면밀하게 살펴야 합니다. 이것은 단순히 법적으로 요구되는 최소의 기준을 본다는 의미가 아닙니다. 더 나아가 사회 도덕적 기준에 내 성향과 적성, 성품이 부합하느냐를 면밀하게 살피는 일이 포함됩니다. 단지 막혔다고 해서 그 길이 잘못된 것이 아니고, 열렸다고 해서 하나님의 뜻인 것도 아닙니다. 때론 막혔지만 더 열심히 해서 돌파하는 것이 바른 선택일 수 있고, 열렸지만 기꺼이 거절하는 것이 바른 선택일 수도 있습니다. 이것은 단순히 길이 닫히고 열리고의 문제가 아니라 종합적으로 판단해야 하는 영역입니다.

목회자가 성도들을 바르게 인도하는 데 필요한 자질은 불확실한 개인의 체험이 아니라 말씀을 명료하게 깨닫고 분별하는 지혜입니다. 그러므로 목회자를 지망하는 이들은 불확실한 개인의 체험을 부르심의 근거로 삼지 말고, 면밀히 말씀을 상고하고 자기를 성찰하여 지혜롭게 판단해야 합니다. 각 교단과 교회 공동체는 목회자 지망생들을 성경의 기준에 따라 분별할 수 있는 검증 과정을 체계적으로 세워야 합니다.

성경에 명시된 자격에 현격히 미달하는데도 신앙 체험을 근거로 들며 목회의 길을 고집하는 분이 있다면 이렇게 말씀드리고 싶습니다. "두려워하십시오. 자유로운 선택은 죄가 아니지만, 부주의한 선택으로 형제를 실족케 한다면 크나큰 죄가 됩니다. 그런 이에겐 더 큰 심판이 있습니다(약 3:1). 자신이 성경에 따라 객관적인 자격 요건을 갖추고 있는지 확인하십시오."

한편, 신앙 체험으로 인해 꼭 목회의 길을 가야 할 것 같아 두려운 분이 있다면 이렇게 말씀드리고 싶습니다. "두려워하지 마십시오. 신앙 체험을 했다고 꼭 목회의 길을 가야 하는 건 아닙니다. 당신에겐 선택의 자유가 있습니다. 다만 무엇을 하든 주님의 영광을 위해 하십시오(고전 10:31)."

마지막으로, 목회의 길을 가야 할지 말지 오랫동안 자신의 자격에 대해 고민하는 분이 있다면 이렇게 말씀드리고 싶습니다. "성경에 나오는 객관적인 자격 요건을 확인하십시오. 그 조건에 부합한다면, 혹은 그 조건에 부합하기 위해 힘쓰고 있고 어느 정도 가시적인 증거가 있다면 이제 필요한 건 고민이 아니라 어느 쪽이든 선택하는 것입니다. 두려워하지 말고 선택하십시오. 어디로 가든 주님이 함께하십니다."

이것은 목회가 아닌 그 밖의 진로 앞에서 고민하는 모든 신자들을 위한 조언이기도 합니다.

### 결혼 : 운명의 짝인가, 지혜로운 선택인가

결혼은 살아가면서 어떤 식으로든 맞닥뜨리고 선택이 필요한 인생의 중요한 문제입니다. 먼저, 결혼을 할지 말지, 한다면 누구와 할지를 결정해야 합니다. 여기서는 우리가 결혼을 한다는 전제로 어떻게 배우자를 선택할 것인지에 대해 집중적으로 다루려고 합니다. 독신의 여부를 결정하는 데 매우 중요한 요인도 확인할 수 있습니다.

배우자를 선택하는 일에서 많은 형제자매들이 '하나님이 나를 위해 콕 집어 정해 놓으신 짝'이라는, 말하자면 운명론적 개념을 가지고 있습니다. 특히 신실한 이들이 더 이런 성향을 띠는 것 같습니다. 아무래도 "그러므로 하나님이 짝지어 주신 것을 사람이 나누지 못할지니라"(마 19:6, 막 10:9)는 예수님의 말씀 때문인 듯합니다. 그러나 이 말씀은 운명의 짝이 아니라 결혼이라는 약속의 의미에 대해 이야기합니다.

결혼은 두 사람 사이에 하나님이 계신 관계입니다. 하나님께서 인정하신 상호 관계로서 사람이 임의대로 무효로 할 수 없다는 뜻입니다. 예수님 당시 율법에 따라 이혼 증서를 써 주고 아내를 마음대로 버리던 이스라엘 남성들에게 결혼이라는 약속의 엄중함을 일깨우신 교훈입니다.

하나님은 일반적으로 특정한 한 사람을 우리 짝으로 정해 두지 않으십니다. 야곱의 경우를 보십시오. 야곱은 라반의 둘째 딸 라헬을 보고 한눈에 반하여 그녀와 결혼하기 위해 7년간 라반의 집에서 봉사를 합니다. 야곱이 라헬을 얼마나 사랑했는지 7년을 며칠같이 여겼다고 성경은 기록합니다.

7년이 지나고 결혼 잔치 후 첫날밤을 치른 야곱은 깜짝 놀랍니다. 아침에 일어나 보니 라헬이 아니라 언니 레아가 옆에 누워 있었기 때문입니다. 전기 없이 캄캄한 밤을 보내던 시절이니 가능한 일이었을 것입니다. 야곱은 라헬도 아내로 얻기 위해 꼼짝없이 7년을 더 라반의 집에서 일하게 됩니다.

여기서 묻겠습니다. 과연 야곱에게 운명의 짝은 누구일까요? 어쩔 수 없는 상황에서 선택의 여지없이 아내가 된 레아일까요, 아니면 야곱이 자기 마음에 들어 선택한 라헬일까요?

성경을 보면, 하나님께서 두 아내를 모두 인정하셨음을 알 수 있습니다. 하나님은 레아와 라헬 둘 다에게 아들들을 주셨고, 이 아들들은 모두 이스라엘 열두 지파의 조상이 됩니다. 하나님은 불가항력적인 상황도 받아들이게 하셨고, 야곱의 취향도 인정하셨습니다.

여기서 우리는 중요한 사실을 배웁니다. 배우자를 찾는 과정은 결코 하나님께서 정하신 오직 한 길, 한 사람을 찾는 과정이 아니라는 것입니다.

저는 아내와 18년을 같이 살았습니다. 그동안 우리 부부는 크게 싸운 적이 없습니다. 화내며 말다툼한 적은 세 번 있습니다. 그것도 조곤조곤 따지다가 몇 시간 만에 서로 사과했으니 다른 부부들의 얘기를 들어 보면 싸웠다고 할 수준도 아닙니다. 그나마도 결혼 초창기의 일입니다.

이런 얘기를 하면 지인들은 "사모님이 천사이신가 봐요" 하며 저를 억울하게 합니다. 좀 낫게는 "하나님이 정해 주신 운명의 짝을 만나셨네요"라고 말하는 분도 있습니다. 그럴까요? 정말 제가 운명의 짝을 만난 걸까요?

잠시 팔불출이 되어 보자면, 사실 제 아내는 천사까진 아니어도 참 지혜로운 사람입니다. 마음에 안 드는 일이 있어도 절대로 아이들이나 사람들 앞에서 저를 무시하는 말이나 행동을 하지 않습니다. 그러니 제가 감정이 깊이 상할 일이 없습니다. 게다가 제가 조금이라도 감정이 상하겠다 싶으면 슬쩍 뒤로 물러납니다. 그러면서도 자존감이 높아 감정적으로 별로 상처를 받지 않을뿐더러 하고 싶은 일은 얼렁뚱땅 이래저래 다 하며 삽니다. 덕분에 저도 아내와 크게 싸우는 일 없이 잘 지내 온 좋은 남편이 되었습니다.

이런 성품을 가진 사람은 누구와 살아도 어지간하면 잘 살 것입니다. 그러니까 아내는 저랑 운명의 짝이서 잘 맞았던 게 아니라, 누구와도 결혼 생활을 잘 가꾸어 갈 좋은 성품을 갖고 있는 것입니다. 가끔은 성품이 좋아도 성향이 안 맞아 자주 다투는 부부도 있습니다. 그러나 성품이 좋은 이들은 다툼 속에서도 관계를 지혜롭게 풀어 갑니다. 물론 성향까지 잘 맞으면 금상첨화일 테지요.

배우자를 찾는 과정은 운명의 짝을 기다리거나 찾는 과정이 아닙니다. 인생길에 동반할 좋은 사람을 찾아가는 과정입니다. 좋은 신앙과 성품을 가진 사람, 이왕이면 나와 잘 맞는 사람을 찾아야 합니다. 무엇보다 그런 가운데 자신이 좋은 사람이 되어 가야 하는 과정입니다.

배우자 선택에서 우리에게 자유가 주어졌다면, 독신이냐

결혼이냐의 문제도 마찬가지일 것입니다. 이것은 기본적으로 자신의 성향과 은사, 삶의 방향을 고려한 자유로운 선택의 영역입니다(고전 7:7-9, 24-40).

어쩌면 더 중요한 것은 선택 자체보다 그렇게 열심히 골라서 선택한 이후입니다. 선택엔 자유가 주어지지만, 일단 결혼을 하고 나면 확실한 하나님의 뜻이 요구됩니다. 그야말로 하나님이 짝지어 주신 것을 사람이 나눌 수 없는 결혼에 대한 책임입니다. 부부는 결혼에 대한 성경 말씀에 따라 피차 서로에게 복종해야 합니다(엡 5:21). 서로 사랑하기를 교회가 그리스도께 하듯, 그리스도가 교회에 하듯 해야 합니다(엡 5:22-33). 충성된 결혼 생활을 위해 서로에게 의지하고 헌신하며 둘이 한 몸이 되는 연합을 이뤄 가야 합니다(창 2:24). 이를 위해 성경은 인격의 영역뿐 아니라 육체 관계의 영역에까지 지침을 줍니다. 각자 나눠서 방을 쓰지 말고 서로에 대해 정신적, 육체적 책임을 다하라고 이릅니다(고전 7:2-5).

그러므로 배우자 선택과 결혼을 향한 하나님의 뜻을 이렇게 정의하고 싶습니다. "지혜를 따라 자유롭게 배우자를 선택하고, 그 배우자와 하나님 앞에서 올바르게 살아가는 것."

## 좋은 결혼을 위한 지혜

앞서 말했듯이 배우자 선택과 결혼은 운명이 아니라 지혜가 필요한 일입니다. 구체적으로 어떤 지혜가 필요한지 몇 가지를 짚어 보겠습니다.

첫째, 좋은 사람을 알아보는 안목을 길러야 합니다. 사람을 잘 알아본다는 것은 참 쉽지 않은 일입니다. 어떤 면에서 그런 통찰력은 재능에 가깝습니다. 그럼에도 자기를 성찰하고, 좋은 사람들의 조언에 귀 기울이고, 타인의 모습을 잘 관찰하다 보면 훨씬 더 실수를 줄일 수 있습니다. 그러자면 성경적 가치관으로 무장하는 것이 가장 중요합니다. 돈이 중한 사람 눈엔 돈 많은 사람만 보입니다. 외모가 중요한 사람은 외모만 눈에 들어옵니다. 자신의 가치관에 따라 상대가 보이는 법입니다.

둘째, 좋은 사람을 만날 수 있는 상황을 만들어야 합니다. 항상 클럽에 가서 죽치고 있는 사람이 짝을 어디서 만날 가능성이 높을까요? 함께 신앙을 나누고 섬김을 도모하는 공동체에선 누구를 만나기 쉬울까요?

어느 목사님이 이런 질문을 받았습니다.

"목사님 주변엔 좋은 사람들이 많은데 비결이 뭔가요?"

목사님은 이렇게 답변했습니다.

"내가 손해 보는 자리에 가니 좋은 사람들을 만납디다. 나쁜 사람은 손해 보는 자리엔 오지 않거든요."

건강한 환경이 건강한 만남을 만듭니다.

셋째, 자신이 먼저 홀로 설 수 있는 건강한 인격을 갖춰야 합니다. 기본적으로 건강한 인간관계는 홀로서기가 가능할 때 이뤄집니다. 늘 기대고 정서적으로 충족되기만을 바라는 친구와 좋은 관계를 오래 지속할 수 있을까요? 남녀관계도 한쪽이 지나치게 의존적이거나 집착하면 관계를 지속하기가 쉽지 않습니다. 일방적으로 채워 주길 요구하는 사람에게 입 안의 혀처럼 맞추며 붙어 있는 사람은 아마도 순수한 관계 외에 다른 목적이 있을 가능성이 높습니다. 뭔가 심하게 결핍된 상태에서 누군가를 선택할 때, 우리는 그릇된 판단을 하기가 쉽습니다. 허기가 지면 눈앞의 음식을 잘 따져 보지 않고 허겁지겁 먹게 되는 것처럼 말입니다.

넷째, 갈등 관계를 잘 풀어 가는 지혜를 배워야 합니다. 갈등이 없는 관계는 없습니다. 갈등을 어떻게 풀어 가느냐에 따라 좋은 관계가 되기도 하고 힘든 관계가 되기도 합니다. 만날 싸우는 것 같으면서도 잘 지내는 관계를 보면, 어떤 식으로든 갈등을 잘 풀어 가는 지혜가 있습니다. 결혼은 전혀 다르게 살던 두 사람의 삶이 하나가 되는 과정입니다. 당연히 갈등의 연속입니다. 이를 잘 풀어 갈 성품과 지혜를 길러야 건강한 만남과 결혼 생활이 가능해집니다.

결론적으로 좋은 배우자를 선택하는 가장 중요한 요건은 스스로가 지혜롭고 참된 그리스도인 되는 것입니다.

## 성경에서 보는 배우자의 지혜로운 선택 과정

성경에 배우자의 선택 과정이 비교적 상세하게 기록된 인물이 있습니다. 바로 아브라함의 아들 이삭의 결혼에 관한 기록입니다. 이 기록에서 우리는 앞서 언급한 지혜로운 선택의 단계들을 확인할 수 있습니다.

<u>1단계 - 기도로 인도하심을 구하라</u>

> 하늘의 하나님 여호와께서 나를 내 아버지의 집과 내 고향 땅에서 떠나게 하시고 내게 말씀하시며 내게 맹세하여 이르시기를 이 땅을 네 씨에게 주리라 하셨으니 그가 그 사자를 너보다 앞서 보내실지라 네가 거기서 내 아들을 위하여 아내를 택할지니라(창 24:7).

아브라함은 이삭의 배우자를 찾는 이 여정에 "하나님께서 사자를 너보다 앞서 보내실지라"고 말합니다. 그가 아들 이삭의 결혼을 앞두고 철저히 하나님의 인도하심을 구하고 있음을 알 수 있습니다.

2단계 - 선악 간에 분별하라

아브라함은 배우자 선택 과정에 매우 중요한 원칙 하나를 종에게 못박습니다.

> 만일 여자가 너를 따라오려고 하지 아니하면 나의 이 맹세가 너와 상관이 없나니 오직 내 아들을 데리고 그리로 가지 말지니라 (창 24:8).

앞서 아브라함은 "그가 그 사자를 너보다 앞서 보내실지라"고 말했습니다. 이는 자칫 하나님께서 예비하신 짝이 있다는 말로 들릴 수 있습니다. 그러나 아브라함의 말은 그런 뜻이 아닙니다. 오히려 좋은 배우자감을 찾았더라도 그 여자가 아브라함의 집으로 오려 하지 않으면 포기해도 된다고 말합니다. 만일 하나님이 예비하신 운명의 짝이 있다고 확신했다면 이런 말을 하진 않았을 것입니다.

아브라함이 이 결혼에서 세운 첫 번째 원칙은 이것입니다. "내가 너에게 하늘의 하나님, 땅의 하나님이신 여호와를 가리켜 맹세하게 하노니 너는 내가 거주하는 이 지방 가나안 족속의 딸 중에서 내 아들을 위하여 아내를 택하지 말고 내 고향 내 족속에게로 가서 내 아들 이삭을 위하여 아내를 택하라"(창 24:3-4). 가나안 여자는 안 된다는 것입니다. 왜일까요?

창세기 15장을 보면, 하나님께서 아모리 족속(가나안 족속)을 멸하실 것이라고 말씀하십니다. 가나안 족속은 그들의 죄악으로 멸망당할 족속이고, 그들이 살던 땅은 아브라함의 후손이 차지하게 될 것입니다. 그러니 멸망할 가나안 족속과 피를 섞는 것은 하나님의 언약에 반하는 잘못된 행동입니다. 이것은 옳고 그름의 문제입니다. 아브라함은 아무리 좋은 배우자감이라 해도 잘못된 결혼을 해선 안 된다고 못박고 있습니다.

그러자 종이 묻습니다. "여자가 나를 따라 이 땅으로 오려고 하지 아니하거든 내가 주인의 아들을 주인이 나오신 땅으로 인도하여 돌아가리이까"(창 24:5). 아브라함의 고향 땅에서 선택한 좋은 배필이 아브라함이 거주하는 가나안 땅에 오길 싫어하면 아들 이삭을 고향 땅으로 가게 할 것인지 묻는 질문입니다. 이에 아브라함의 대답은 단호합니다. "내 아들을 그리로 데리고 돌아가지 아니하도록 하라"(창 24:6).

아브라함은 하나님의 부르심을 따라 믿음으로 고향을 떠났습니다. 그러므로 며느리가 될 여인은 함께 그곳을 떠나는 사람이어야 합니다. 다시 그곳으로 돌아가는 것은 안 됩니다. 그것은 불신앙입니다. 하나님께서 머물게 하시는 가나안에 머물러야 합니다.

이 두 가지 원칙은 선과 악에 관한 것으로서 타협할 수 없는 하나님의 뜻입니다. 두 가지 원칙만 지킨다면 종은 자유롭게 이삭의 배우자를 선택할 수 있습니다. 아브라함은 집안의 모든 살림을 맡긴 이 종의 안목을 신뢰합니다.

3단계 - 지혜를 따라 분별하라

이제 종은 아브라함의 고향 땅에 도착합니다. 그가 이삭의 배우자를 찾는 과정에 주목해야 합니다. 아브라함의 종은 먼저 기도부터 합니다.

> [12] 그가 이르되 우리 주인 아브라함의 하나님 여호와여 원하건대 오늘 나에게 순조롭게 만나게 하사 내 주인 아브라함에게 은혜를 베푸시옵소서 [13] 성 중 사람의 딸들이 물 길으러 나오겠사오니 내가 우물 곁에 서 있다가 [14] 한 소녀에게 이르기를 청하건대 너는 물동이를 기울여 나로 마시게 하라 하리니 그의 대답

이 마시라 내가 당신의 낙타에게도 마시게 하리라 하면 그는 주께서 주의 종 이삭을 위하여 정하신 자라 이로 말미암아 주께서 내 주인에게 은혜 베푸심을 내가 알겠나이다(창 24:12-14).

언뜻 보면 이 종의 기도는 우리가 앞서 지적했던 '확률의 문제를 하나님의 뜻으로 오해해서 드리는 기도'에 해당하는 것 같습니다. 조건을 걸고 충족 여부로 하나님의 뜻을 묻는 기도 말입니다. 그러나 이 종은 결코 그렇게 말하지 않습니다.

지금까지 살폈듯이 자유로운 선택을 위해선 지혜가 필요합니다. 그러나 지혜가 부족할 때가 많은 우리는 어떻게 기도해야 합니까? "하나님, 제게 분별할 수 있는 지혜를 주옵소서. 지혜가 부족한 저를 긍휼히 여기고 은혜를 베푸사 가장 지혜로운 길로 이끌어 주옵소서"라고 기도해야 합니다.

이미 정해진 하나님의 뜻을 찾겠다는 것과, 내게 주어진 자유로운 선택의 기회 가운데서 하나님의 인도하심을 따르겠다는 것은 전혀 다른 이야기입니다. 하나님께서 정해 놓으신 뜻은 옳고 그름의 문제입니다. 반드시 순종해야 하는 것으로서 여기에 조건을 달 수 없습니다. 그러나 자유로운 선택의 길은 옳고 그름이 없습니다. 다만 지혜로운 길이 있습니다. 지혜롭게 판단하는 것이 우리의 일차적 책임이고, 그 가운데서 하나님의 도우심을 구하는 것이 우리의 당연한 본분입니다.

이 종의 기도가 그러합니다. "오늘 나에게 순조롭게 만나게 하사 내 주인 아브라함에게 은혜를 베푸시옵소서"가 무슨 말일까요? 종은 콕 집어 하나님이 정해 놓으신 배필을 만나게 해달라고 하지 않습니다. 그것은 아브라함도 기대한 바가 아닙니다. 다만 종은 '좋은 신붓감'을 만나게 해달라는 기도를 합니다. 지혜롭게 선택할 수 있도록 도와달라고 하나님께 구한 것입니다.

종은 지혜로운 선택을 위한 한 가지 기준을 세웁니다. 물을 달라고 했을 때, 청한 사람뿐 아니라 그의 낙타에게도 물을 주는 여인입니다. 이런 여인이라면 분명 사려 깊은 인격을 가졌을 것이기 때문입니다. 단순히 우물가에 제일 처음 등장하는 여인을 구하는 게 아닙니다.

> [18] 그가 이르되 내 주여 마시소서 하며 급히 그 물동이를 손에 내려 마시게 하고 [19] 마시게 하기를 다하고 이르되 당신의 낙타를 위하여서도 물을 길어 그것들도 배불리 마시게 하리이다 하고 [20] 급히 물동이의 물을 구유에 붓고 다시 길으려고 우물로 달려가서 모든 낙타를 위하여 긷는지라 [21] 그 사람이 그를 묵묵히 주목하며 여호와께서 과연 평탄한 길을 주신 여부를 알고

자 하더니(창 24:18-21).

종은 소녀의 행동을 묵묵히 지켜봅니다. 소녀는 시키지도 않았는데 종의 낙타뿐 아니라 다른 모든 낙타에게도 열심히 물을 길어다 줍니다. 사려 깊고 인품이 좋은 소녀임에 틀림없습니다.

아브라함의 종이 자신이 말한 기도의 조건이 충족된 것을 보고, 그것을 하나님의 뜻으로 단정했다면 소녀에 대해 더 알아보지도 않았을 것입니다. 그러나 이는 하나님의 뜻을 확정해 주는 일이 아니라 지혜로운 선택을 돕는 신앙 체험이었을 뿐입니다. 종은 이것을 중요한 참고 사항으로 새겨 놓고, 이제 소녀에 대한 다른 정보들을 꼼꼼하게 살핍니다.

종은 소녀에게 어느 집 딸인지 묻습니다. 집안 배경을 살펴보려는 것입니다. 놀랍게도 '리브가'라는 이름의 이 소녀는 아브라함 동생 집안의 딸인 것으로 밝혀집니다. 리브가는 유숙할 곳을 청하는 종에게 이렇게 대답합니다. "우리에게 짚과 사료가 족하며 유숙할 곳도 있나이다"(창 24:25). 나그네를 대접하려는 좋은 성품을 다시 한 번 확인할 수 있는 대목입니다.

사실 너무 당연한 조건이어서 그냥 지나친 부분까지 성경은 언급하고 있습니다. "그 소녀는 보기에 심히 아리땁고 지금까지 남자가 가까이하지 아니한 처녀더라"(창 24:16). 아무리 좋은 여인일지라도 유부녀이면 아무 소용이 없습니다. 그런데 이 소녀는 아직 결혼하지 않은 처녀입니다.

이로써 종은 아름답고 아직 결혼하지 않은 매우 사려 깊은 이삭의 배우자감을 만납니다. 그러나 아직 남은 과제가 있습니다. 과연 소녀의 집안에서 소녀를 데려가는 것을 허락해 줄까요? 또한 소녀는 따라가려 할까요?

4단계 – 목적을 기억하라

리브가의 집에 도착한 종은 리브가의 아버지 브두엘과 오빠 라반 앞에서 자기가 여기까지 온 과정을 자세하게 설명하고 이렇게 말합니다.

> 이제 당신들이 인자함과 진실함으로 내 주인을 대접하려거든 내게 알게 해주시고 그렇지 아니할지라도 내게 알게 해주셔서 내가 우로든지 좌로든지 행하게 하소서(창 24:49).

종은 그들이 리브가를 아브라함에게 보내 줄 것인지 묻습니다. 종은 이 일이 반드시 성사될 것이라고 가정하지 않습니다. 분명 종은 이 일에서 하나님의 인도하심을 체험했습니다.

그러나 앞서 충분히 살폈듯이 신앙 체험이 반드시 맞다고는 할 수 없습니다. 그는 확신이 있었으나 선택을 리브가 가정의 몫으로 넘깁니다.

여기서 종이 반드시 지켜야 하는 한 가지 원칙은, 소녀가 스스로 아브라함의 집으로 따라나서야 한다는 것입니다. 이 일의 목적은 '하나님께 영광'을 돌리는 것이지, 단지 좋은 배우자를 얻는 것이 아니기 때문입니다.

브두엘과 라반은 이 일이 하나님의 인도하심이라는 것을 수긍합니다. 반드시 따라야 할 '하나님의 뜻'이라는 것은 아닙니다. 만일 그렇게 생각했다면 리브가의 의견을 묻지 않고 그녀를 아브라함의 집으로 보냈을 테지요. 그러나 그들은 리브가에게 묻습니다.

> 리브가를 불러 그에게 이르되 네가 이 사람과 함께 가려느냐 그가 대답하되 가겠나이다(창 24:58).

이로써 원래의 목적을 잃지 않은 채 지혜로운 선택의 여정이 아름답게 마무리됩니다.

### 5단계 - 어느 쪽을 선택해도 인도하실 하나님을 온전히 신뢰하라

종의 마지막 말에서 우리는 결과가 어떠하든 하나님을 온전히 신뢰하려는 그의 태도를 확인할 수 있습니다. "이제 당신들이 인자함과 진실함으로 내 주인을 대접하려거든 내게 알게 해주시고 그렇지 아니할지라도 내게 알게 해주셔서 내가 우로든지 좌로든지 행하게 하소서"(창 24:49).

종은 하나님의 인도하심을 받았으니 그게 곧 '하나님의 뜻'이라고 상대에게 강요하지 않습니다. 당신들이 자유롭게 판단해서 선택하면 자신은 오른쪽으로든 왼쪽으로든 행하겠다고 말합니다. 이때 리브가 집안 사람들이 거절했다면 어떻게 되었을까요? 종은 다른 배우자를 찾아 나섰을 것입니다. 이삭에겐 반드시 결혼해서 대를 잇고 큰 민족을 이루게 하실 하나님의 약속이 있기 때문입니다.

종은 지금 이삭에게 준비된 운명의 짝을 찾는 것이 아니라 적합한 배우자를 고르고 있습니다. 종은 그들의 대답이 "예"든 "아니요"든 또 다시 하나님의 인도하심을 구하고 신뢰하는 가운데 다시 배우자 선택의 길에 나섰을 것입니다.

배우자 선택의 과정은 '운명의 짝'을 찾는 과정이 아닙니다. 하나님의 인도하심을 구하며 자신에게 적절한 상대를 선택하는 과정입니다. 우리가 인도하심을 구할 때 하나님은 한 사람을 콕 집어 주시는 것이 아니라, 내게 어울릴 만한 여러 배우자감을 보여 주실 것입니다. 하나님의 방법은 다양합니다. 누군가 다가오길 기다리다가 기회를 얻을 수 있습니다. 이삭의 경우처럼 인도하심을 구하며 찾아 나서는 방법도 있습니다.

내 인생에 배우자감으로 등장하는 이들은 드라마 속의 주인공이 아닙니다. 현실의 이성입니다. 당연히 완벽하지 않습니다. 장단점이 있을 것입니다. 내가 도움을 받을 부분도, 내가 도와야 할 부분도 발견될 것입니다. 어리석게도 완전히 내 구미에 꼭 들어맞는 '운명의 짝'을 찾는다거나, 아무것도 하지 않은 채 '운명의 짝'이 다가오기만을 기다린다면, 하나님께서 주신 소중한 선택의 기회를 모두 날릴지도 모릅니다.

기회가 주어지든 기회를 만들든 하나님은 내게 지혜롭게 배우자를 찾을 자유를 주셨습니다. 운명이 아니라 선택의 자유입니다. 지혜롭게 분별하여 선택해야 합니다. 더 중요하게는, 누구를 선택하든 선택한 짝과 서로 채우고 돕고 피차에 복종하여 하나가 되어야 합니다(엡 5:21). 선택은 자유지만, 사랑과 하나 됨은 하나님의 뜻입니다.

닫는 글

 같은 주제를 다룬 다른 책과 이 책의 차별성은 '하나님의 뜻'과 '하나님의 인도하심'의 의미를 구분하는 데 있습니다. 이를 통해 계시와 신앙 체험 사이의 조화로운 관계를 설명하고자 했습니다. 요약하면 다음과 같습니다.

 1. 이 책에서 '하나님의 뜻'이란 우리가 반드시 순종해야 하는 뜻입니다. 하나님의 뜻은 객관적이고 명확해야 합니다. 우리가 분별하고 따를 수 있는 '하나님의 뜻'은 성경 말씀밖에 없습니다. 성경 말씀에서 규정하지 않은 사안에 대해 하나님은 우리에게 선택의 자유를 주십니다. 역설적으로 자유 의지에 의한 자유로운 선택이야말로 분명한 하나님의 뜻입니다.
 2. 이 책에서 '하나님의 인도하심'이란 우리의 자유로운 선

택 가운데 하나님께서 베푸시는 다양한 방식의 은혜입니다. 반드시 순종해야 하는 하나님의 뜻을 포함하지 않으며, 다양한 신앙 체험 속에서 발견하고 누릴 수 있는 은혜입니다.

3. 우리에게 허락된 자유로운 선택의 기회를 지혜롭게 선용해야 합니다. 선택은 자유롭되 지혜롭게 해야 합니다. 따라서 우리는 지혜를 힘써 연마해야 합니다. 이는 더 성숙한 그리스도인이 되는 길과 닿아 있습니다.

4. 그러나 우리가 아무리 지혜를 갈고 닦아도 하나님의 완전한 지혜를 따라갈 수는 없습니다. 우리는 지혜로운 판단을 위해 늘 하나님의 인도하심을 구해야 합니다. 하나님께서 보다 적합한 길을 보이시고, 적절한 선택을 하도록 도우실 것입니다. 혹 우리가 덜 적합한 길을 선택할지라도 그 가운데서도 보호하고 인도하실 것입니다.

지금 제 마음에 감당할 수 없이 흘러나오는 감사와 찬양으로 글을 맺겠습니다.

자기 백성에게 말씀을 통해 자신의 뜻을 분명히 알리시는 우리 주님을 찬양합니다.

자기 백성이 자유롭게 꼴을 뜯을 수 있는 선택의 푸른 초장을 허락하신 하나님을 찬양합니다.

선택의 자유 속에서도 더 지혜로운 길을 가르쳐 주고 인도하시는 하나님을 기뻐합니다.

주권, 자유, 인도하심, 이 모든 것이 합력하여 선을 이루는, 측량할 수 없이 깊고 풍성한 하나님의 통치를 신뢰합니다.

> [33] 깊도다 하나님의 지혜와 지식의 풍성함이여, 그의 판단은 헤아리지 못할 것이며 그의 길은 찾지 못할 것이로다 [34] 누가 주의 마음을 알았느냐 누가 그의 모사가 되었느냐 [35] 누가 주께 먼저 드려서 갚으심을 받겠느냐 [36] 이는 만물이 주에게서 나오고 주로 말미암고 주에게로 돌아감이라 그에게 영광이 세세에 있을지어다 아멘(롬 11:33-36).

이 책과 함께 보면 좋은 책들

여기에 소개한 도서는 제 견해와 일치하는 방향의 책도 있고, 그렇지 않은 책도 있습니다. 유사하지만 세부적으로 차이가 있을 수 있고, 정반대의 견해도 있습니다. 이 주제에 관해 더 깊은 관심이 있다면 비교해 보는 유익이 있을 것입니다. 전체적으로 '하나님의 뜻'이라는 주제를 다룬 책과 부분적으로 관련된 내용을 다루는 책을 나눠 보았습니다.

● 주제와 직접 연관된 책

게리프리슨, 로빈 맥슨 『나의 결정과 하나님의 뜻』
자유로운 선택과 지혜 사용에 대한 식견이 탁월한 책입니다. 삶의 중요한 기로에서 하나님이 요구하시는 단 하나의 옳은 선택만 있으며 그 선택을 위해 말씀과 신앙 체험을 활용할 것을 제시하는 전통적 견해를 조목조목 반박합니다. 다만 전통적 견해의 불확실성을 강조한 나머지 전통적 견해가 존중하는 신앙 체험의 자리를 지우다시피 한 부분은 좀 아쉽습니다.

### 폴 리틀『하나님의 뜻을 알려면』

아주 짧은 분량의 책이지만, 하나님의 뜻에 관한 전통적인 견해를 잘 요약해 놓았습니다. 당연히 전통적 견해의 불확실성도 고스란히 가지고 있습니다. 그럼에도 하나님의 뜻을 분별하려는 이들이 가져야 할 몇 가지 중요한 자세에 대해 잘 설명하고 있습니다.

### 제임스 패커『제임스 패커의 하나님의 인도』

하나님의 뜻과 인도하심을 구하는 신자의 동기와 태도, 본분, 지혜의 역할, 환경과 경험의 역할, 성령의 인도하심에 대해 두루 다루고 있습니다. 전체적으로 전통적 견해에 가깝지만, 주관성이 초래할 수 있는 섣부른 실수를 경계합니다.

### 존 맥아더『하나님의 뜻』

성경 말씀에서 명확히 확인할 수 있는, 모두가 지금 순종해야 하는 하나님의 뜻을 설명하는 데 초점을 맞춘 책입니다. 오늘을 향한 하나님의 뜻에 순종하고 있다면 얼마든지 누릴 수 있는 미래를 향한 선택의 자유에 대해 설파합니다. 자유로운 선택과 이후의 삶을 너무 단순하게 정리한 점이 아쉽습니다. 다만 책의 분량이 짧아, 저술 목적이 상세한 설명이 아니라 원칙을 세우는 데 있다면 제 역할을 다했다고 볼 수 있습니다.

케네스 해긴 『하나님의 뜻을 아는 법』
미안하지만 '추천 도서' 목록이라면 넣지 않았을 책입니다. 하지만 '이 책과 함께 보면 좋은 책들'이기에 대조해서 본다는 의미로 소개합니다. 이른바 은사주의에 속한 견해입니다. 이 책보다 더 극단적인 은사주의적 주장과 비교하면 온건한 편이라고도 볼 수 있습니다.

제럴드 L. 싯처 『하나님의 뜻』
마린 골드스미스, 엘리자벳 골드스미스 『하나님의 인도와 나의 결정』
피터 블룸필드 『성경이 말하는 하나님의 인도』
브루스 윌키 『하나님의 뜻 하나님의 인도』
엘리자베스 리버트 『영적 분별의 길』
마릴린 혼츠 『하나님의 음성을 듣기까지』
문희곤 『하나님의 음성을 듣는 것은 은사가 아닙니다』

● 관련 내용을 부분적으로 다루는 책

메레디스 G. 클라인 『성경의 권위의 구조』

A. B. 듀 토잇 『신약 정경론』

존 맥아더 『무질서한 은사주의』

박영돈 『일그러진 성령의 얼굴』

월터 모벌리 『예언과 분별』

고든 맥도널드 『내면세계의 질서와 영적 성장』

스튜어트 부캐넌 『하나님이 부르시는 사람』

팀 켈러 『팀 켈러, 결혼을 말하다』

앨버트 Y. 쉬 『싱글? 하나님의 뜻』

제이 아담스 『성경이 말하는 결혼·이혼·재혼』

헬무트 틸리케 『신학을 공부하는 이들에게』

찰스 스펄전 『목회자 후보생들에게』

윌리엄 스틸 『목사의 길』

김남준 『자네, 정말 그 길을 가려나』